기독교문서선교회 (Christian Literature Center: 약칭 CLC)는 1941년 영국 콜체스터에서 켄 아담스에 의해 시작되었으며 국제 본부는 미국 필라델피아에 있습니다. 국제 CLC는 59개 나라에서 180개의 본부를 두고, 약 650여 명의 선교사들이 이동도서차량 40대를 이용하여 문서 보급에 힘쓰고 있으며 이메일 주문을 통해 130여 국으로 책을 공급하고 있습니다. 한국 CLC는 청교도적 복음주의 신학과 신앙 서적을 출판하는 문서선교기관으로서, 한 영혼이라도 구원되길 소망하면서 주님이 오시는 그날까지 최선을 다할 것입니다.

## 추천사 1

**손 달 익 목사** (서문교회 담임, 전 예장통합 총회장)

종교개혁지를 순례하는 여정은 매우 은혜롭고 감동적일 뿐 아니라 매우 격정적인 역사와 마주하는 긴장감 넘치는 영적 경험입니다. 그 가운데서도 얀 후스의 흔적을 따라 가는 여정은 개혁자의 순결함과 부패한 교권의 횡포를 함께 느끼면서 오늘의 과제를 발견하기에 부족함이 없는 살아 있는 역사현장의 경험입니다. 거대한 가톨릭교회에 대한 후스의 강력한 저항과 하나님께 대한 온전한 충성은 훗날 루터 종교개혁의 출발점이 되었고 앞선 선각자들의 꿈을 이루는 일이 되었습니다.

금번 김승호 교수님의 얀 후스의 행적을 따라 간 본서는 상당한 의미가 있다고 생각됩니다. 개혁자 후스의 인간적인 면모만이 아니라 체코 종교개혁의 사회적·정치적·경제적 요인들을 총체적으로 보여 주면서, 600년 전의 후스 정신을 다시금 만나게 하는 신비한 경험으로 인도해 주고, 후스의 순교가 오늘날 우리에게 던지는 질문을 큰 음성으로 듣게 해줍니다. 개혁의 주체였던 한국교회가 이제 개혁의 대상이 된 안타까움을 넘어서 교회의 해체를 강박당하는 현실에서 본서는 우리의 갈 길을 조심스럽지만 용감하게 제시해 주고 있습니다.

종교개혁 정신을 깊이 연구하려는 신학도들과 설교자들 그리고 개혁교회의 본질에 대해 갈증이 있는 모든 분들께 본서의 일독을 강력히 권해 드리면서 본서가 가져올 한국교회의 본질회복의 여정에 그리스도의 축복이 있기를 기원합니다. 다시금 저자의 노고에 깊은 존경을 표하며 독자 여러분에게 큰 감동과 유익이 넘치기를 바랍니다.

## 추천사 2

**이 대 희** 이사장 (효산의료재단 샘병원)

즐거운 추억을 만드는 여행이라면 몰라도, 자연과 문화를 찾아가며 즐기는 여행은 염두에 두지 못하고 살았습니다. 어렴풋이 동경했던 얀 후스와, 꼭 가족과 함께 가보고 싶었으나 아직 기회가 없었던 체코를 만나고픈 열망에 이 책을 단숨에 읽고 또 읽었습니다. 그리고 이를 통해 저는 참된 여행의 진수를 알게 되었습니다.

정겨운 이름들인 보헤미아, 모라비아, 프라하의 나라 체코에 달려가고픈 맘을 일단 진정시킵니다. 오히려 마음의 고개를 들어 얀 후스를 바라보며, 그와 같은 진실함과 용기의 오늘을 살아, 죽어서도 사는 삶을 소망하여 봅니다.

# 신학자의 얀 후스 기행

여행으로 살펴본 체코 종교개혁 입문서

**신학자의 얀 후스 기행:** 여행으로 살펴본 체코 종교개혁 입문서

2018년 11월 5일 초판 발행

| 지은이 | 김승호 |

| 편집 | 정재원 |
| 디자인 | 전지혜 |
| 펴낸곳 | (사)기독교문서선교회 |
| 등록 | 제16-25호(1980.1.18) |
| 주소 | 서울특별시 서초구 방배로 68 |
| 전화 | 02-586-8761~3(본사) 031-942-8761(영업부) |
| 팩스 | 02-523-0131(본사) 031-942-8763(영업부) |
| 이메일 | clckor@gmail.com |
| 홈페이지 | www.clcbook.com |

ISBN 978-89-341-1892-3 (03920)

이 도서의 국립중앙도서관 출판예정 도서목록(CIP)은
서지정보유통지원시스템 홈페이지(http://seoji.nl.go.kr)와 국가자료공동목록시스템
(http://www.nl.go.kr/kolisnet)에서 이용하실 수 있습니다. (CIP제어번호: CIP2018033564)
이 책의 저작권은 저자와 (사)기독교문서선교회가 소유합니다.
신저작권법에 의하여 한국 내에서 보호받는 저작물이므로 무단 전재와 무단 복제를 금합니다.

여행으로 살펴본 체코 종교개혁 입문서

# 신학자의
# 얀 후스
# 기행

김승호 지음

CLC

# 차례

추천사　손 달 익 목사(서문교회 담임, 전 예장통합 총회장)
　　　　이 대 희 이사장(효산의료재단 샘병원)

들어가는 말　08

종교 박물관, 프라하　15
얀 후스에 꽂힌 여행　20
얀 후스, 그는 누구인가?　26
프라하 하벨공항 도착　31
프라하 가이드 투어(1)　36
카를교의 전설　40
체코의 자랑, 프라하 성　47
민주화의 산실, 바츨라프광장　63
얀 후스의 전통, 체코형제복음교단　66
체코형제복음교단의 중심, 살바또르개혁교회　69
얀 후스의 사역지, 베들레헴채플　75
체코 현악 체임버 앙상블 콘서트　82
타보르 가는 길　86
타보르의 영웅, 얀 지스카 장군　94

얀 후스의 망명지, 코지흐라덱  105

건축양식의 전시장, 타보르  111

타보르에서 후시네츠로  114

얀 후스의 탄생지, 후시네츠  119

후시네츠에서 프라하티체로  127

얀 후스의 청소년 시절, 프라하티체  134

중세도시의 원형, 체스키크룸로프  144

남 보헤미아의 자랑, 체스키크룸로프 성  150

어게인 체스키크룸로프 성  158

쿠트나호라를 향하여  170

중세와 현대의 만남, 쿠트나호라  186

마지막 망명지, 크라코베츠 성  193

폐허에 깃든 후스 정신  198

렌터카 반납 해프닝  206

프라하 가이드 투어(2)  213

체코형제복음교단  219

스트라호프수도원 도서관  222


나가는 글  228


미주  234

## 들어가는 말

2005년경 서울에서 담임목회를 하던 때로 기억된다. 가족 소풍 겸해서 경기도 파주에서 열린 책 잔치에 간 적이 있다. 여러 출판사에서 진열해 놓은 수많은 책들 가운데 한 권의 책이 눈에 들어왔다. 베르나르 올리비에가 쓴 『나는 걷는다』[1]라는 제목의 여행기였다. 책을 집어 들고 몇 장을 넘기면서 자연스럽게 구입해야겠다는 생각이 들었다.

3권으로 되어 있어서 모두 구입할까 하다가 두툼한 책 두께에 엄두가 나지 않아 일단 1권으로 만족했다.

집에 돌아와 읽기 시작했다. 단숨에 책에 빠져들었다. 며칠 후에 서점에 들러 2권과 3권을 마저 구입했다. 그 역시 며칠 지나지 않아 다 읽었다. 그 후로도 몇 번이고 세 권의 책을 번갈아 펼쳐 터키 이스탄불에서 중국 시안까지의 흥미진진한 여행에 동참하는 기쁨을 누릴 수 있었다. 사진 한 장 없는 기나긴 여행기록, 그리 특별할 것 없는 평범한 기록이 이렇게 마음을 사로잡을 줄은 꿈에도 생각하지 못했다.[2]

세월이 흘러 담임목회를 마감하고 현 영남신학대학교로 사역지를 옮겼다. 가끔씩 해외여행을 할 기회가 있었지만 여행기를 쓸 생각은 하지 못했다. 그러다가 작년 가을, 2018년 1학기에 갖게 될 안식학기를 앞두고 보다 의미 있는 시간을 가지기로 하고, 평소에 관심을 갖고 있던 얀 후스(Jan Hus, 1372?~1415)의 자취를 따라가는 여행기를 쓰기로 마음먹었다. 다양한 자료를 접하면서 얀 후스 공부에 몰두했다. 약 3개월간의 준비기간을 거쳐 체코에서 14박 15일간의 여정을 성공적으로 마무리한 후 돌아와 여행기간 동안 메모해 놓았던 기록을 새로 정리했다.

작업을 진행하면서 단지 개인의 여행 경험을 사실적으로 서술하는 내용만으로는 얀 후스와 체코의 종교개혁을 의미 있게 다루는 데 한계가 있음을 깨닫게 되었다. 그리하여 방문했던 각 장소와 관련된 정치, 역사, 문화, 교회, 신학 등의 배경적 내용뿐 아니라 이런 서술을 바탕으로 한국교회를 전망하는 내용까지 포함시켰다. 그런 점에서 본서는 체코의 종교개혁과 얀 후스를 공부하기 위한 입문서라 할 수 있다.

귀국 후, 출발 전에 참고했던 각종 자료뿐 아니라 얀 후스와 관련된 책과 논문을 포함하여 각종 자료를 다시 찾기 시작했다. 인터넷에서 시작하여 도서관과 카페와 집을 오가면서 부단히도 발걸음을 옮겨 다녔다. 얀 후스의 여운이 채 가시기도 전에 악명 높은 '대프리카'(대구+아프리카)의 뜨거운 여름날을 그렇게 얀 후스와 함께 하는 시간을 보냈다. 그럼에도 본서는 부단한 노력의 산물이라기보다는 여행기간 동안 순간순간 경험했던 행복한 시간들의 자연스런 결과물이라 할 수 있다. 얀 후스와 함께 했던 체코에서의 시간은 그 자체로 감동과 황홀의 연속이었기 때문이다.

마침내 본서의 제목을 『신학자의 얀 후스 기행』이라 정했다. "여행으로 살펴본 체코 종교개혁 입문서"라는 부제를 통해서 누구나 책의 내용을 짐작할 수 있을 것이다. 제목을 이렇게 정한 것은 쉬운 일이 아니었다. 이런저런 다양한 제목들이 떠올랐지만 썩 마음에 드는 것이 없었다. 뇌리를 스쳐간 수많은 제목들 가운데 그나마 이 제목이 낫다고 느껴졌을 따름이다. 신학자의 눈으로 얀 후스의 자취를 찾아가는 여행이라 해서 무언가 독특하고 비밀스런 여행법이 있으리라고 생각할 필요는 없다.

그럼에도 이 제목은 단순히 독자의 시선을 끌 요량으로만 정한 것은 아니다. 나름 이번 여행이 일반 여행과는 다른 독특한 점이 있다고 여겨졌기 때문이다. 본서는 평소 책이나 논문과 같은 기록된 자료를 통해서만 만났던 얀 후스를 현장에 가서 생생하게 느껴보고 싶었던 소망을 몸소 실행한 내용을 담고 있다. 얀 후스라는 한 인물의 자취를 따라 부단히 걸었고 오랜 시간 운전대를 잡고 있었다. 얀 후스의 체취가 남아 있는 체코의 여러 장소를 향하여 엑셀레이터와 브레이크를 번갈아 밟았다.

그렇다면 신학자가 돌아보는 여행은 구체적으로 어떤 특징이 있는가?

한국의 대표적인 시인 구상(具常, 1919~2004) 선생은 여행이 여행자 스스로를 객관화할 수 있는 기회이며 지혜와 지식을 얻는 기회이고, 인간실존의 모습을 구현하는 계기이자 동시에 미에 대한 감성과 감각을 일깨워주는 계기가 된다고 언급한다.[3] 일상에서 벗어나 여행이라는 과정에 들어서서 낯선 환경과 상황 속에 자신을 던져 넣을 때 비로소 자신의 모습을 보다 객관적으로 볼 수 있고 인생의 새로운 지혜를 얻을 수 있으며, 인생의 궁극적 질문 앞에 설 수 있고 나아가 대자연과 낯선 환경을 직면하면서 희열을 맛볼 수 있다.

모든 여행은 여행자의 마음을 설레게 한다. 그러나 여행기를 쓰기 위해 떠나는 여행은 어쩌면 여행 자체를 즐기는 데 방해요소가 될 수 있다. 방문하는 여행지마다 세밀한 묘사를 하면서 사진 찍기에 몰입하다 보면 정작 여행 자체를 만끽하기가 쉽지 않기 때문이다. 그래서 일본의 세계적인 소설가 무라카미 하루키는 자신의 여행법을 다음과 같이 소개한다.

> 그때그때 눈앞의 모든 풍경에 나 자신을 몰입시키려 한다. 모든 것이 피부에 스며들게 한다. 나 자신이 그 자리에서 녹음기가 되고 카메라가 된다. 내 경험으로 보건대 그렇게 하는 쪽이 나중에 글을 쓸 때도 훨씬 도움이 된다. 반대로 말한다면, 일일이 사진을 보지 않으면 모습이나 형태가 생각나지 않는 경우에는, 살아있는 글이 나오지 않는다.[4]

세상 모든 이들의 여행법 역시 이러한 하루키의 여행법을 공유한다고 해도 과언이 아니다. 특히 가는 곳마다 인증 샷을 남겨야 한다는 강박증을 앓고 있는 사람일수록 이러한 하루키의 여행법에 주목할 필요가 있다. '찍고 떠나는' 것에만 익숙해져 있는 사람은 가 본 곳은 많지만 찍은 사진을 보지 않고서는 기억에 또렷이 남아있는 스토리가 없다는 것이 특징이다.

그러기에 여행은 걸음걸음마다 스스로 직면하는 순간순간에 모든 감각을 총동원할 필요가 있다. 그럴 때 매 순간이 사진보다 더 분명하게 기억되고 살아 있는 순간으로 남을 수 있기 때문이다.

이런 이해를 바탕으로 하여 신학자의 여행에는 어떤 함축적인 의미가 있을까?

'스스로를 낯선 환경에 던져 넣고 영육의 모든 감각을 깨워 신학자의 눈으로 그 환경을 해석하는 여행' 정도로 이해할 수 있다.

언뜻 생각에 '신학자'와 '여행'은 다소 어울리지 않을 것 같다. 일반적으로 신학자는 책상이라는 공간에서 연구에 몰두하는 이미지로 각인되어 있기 때문이다. 하지만, 신학자는 여행과 상당한 관련성이 있다. 하나님의 명령을 따라 '본토 친척 아비 집을 떠난' 구약의 아브라함은 유대인의 조상이자 대가족을 이끌고 유랑하는 여행자들의 우두머리였다. 사도 바울 역시 다메섹에서 회심한 이후로 전개되는 그의 남은 생애는 오로지 기나긴 여행의 연속이었다. 한 마디로 바울의 일생은 여행하는 삶이었다. 이처럼 성경에 나타난 하나님의 사람들 상당수는 여행하는 사람들로 특징 지워진다. 이런 점을 염두에 둔다면, 오늘날 그리스도인들은 여행을 통해서 얻을 수 있는 신앙의 진수를 상당 부분 잃어버린 듯 보인다.

책으로 만나는 하나님과 현장에서 만나는 하나님은 다르게 경험된다. 체코로 출발하기 전 렌터카 예약과 함께 방문할 지역마다 숙소 예약을 했다. 사전 준비를 꼼꼼히 할수록 실제 방문에서 시행착오를 최소화할 수 있기 때문이다. 이런 유의 여행에서 준비를 꼼꼼히 하기란 여간 어려운 일이 아니다. 비록 작년에도 콘퍼런스의 논문 발표 차 폴란드를 방문한 적이 있지만, 그때는 기차와 버스를 타고 이동했다. 반면, 얀 후스의 자취를 따라가는 이번 체코 여행은 도보여행과 렌터카를 직접 운전하는 자동차여행을 결합한 방식으로 진행된 14박 15일간의 여정이었다.

원래 얀 후스의 자취를 따라가는 여행을 하려면 후스의 출생지인 체코의 후시네츠에서 출발하여 그의 사망지인 독일의 콘스탄츠까지 돌아보아야 한다. 하지만, 체코 프라하에서 독일 콘스탄츠까지 자동차를 운전해서 이동하기에는 너무나 먼 거리이고, 혹여 자동차로 이동한다고 해도 그 일정은 계획된 범위를 초과할 수밖에 없다. 어쨌든 이번 여행은 후스가 체코에서 마지막으로 머물렀던 크라코베츠 성까지만 방문했다는 점에서 분명 한계가 있다.

  구상 선생의 언급에서도 살펴보았지만, 하루키 역시 여행의 본질을 '의식의 변화를 이끄는 것'이라 정의한다.[5] 여행은 굳어 있던 의식을 새롭게 변화시키는 힘이 있다는 말이다. 실제로 그런 것 같다. 나 역시 이번 여행에서 책과 논문을 통해 만났던 얀 후스와는 다른 새로운 모습의 얀 후스를 만날 수 있었다.

  활자화 된 후스가 아니라 더욱 더 생생하고 선명하고 눈에 보이는 얀 후스를 경험할 수 있었다. 600년 전 얀 후스가 지나간 장소를 따라가면서 때로는 감동으로 때로는 떨림으로 그와 동행하는 행복을 누릴 수 있었다. 본받을 만한 신앙의 위인을 찾기 어려운 이 시대에 이 책을 대하는 독자마다 희미해진 신앙의 열정이 다시금 타오르는 계기가 될 수 있기를 기도한다.

2018년
봉회리 연구실에서
김승호

# 신학자의 안 후스 기행

# 종교 박물관, 프라하

　드라마 <프라하의 여인>으로 널리 알려진 도시, 얀후스군상(群像)과 카를교(Karluv Most) 그리고 프라하 성이라는 마음 들뜨게 하는 명소들이 있는 반면 택시기사의 악명 높은 바가지요금과 소매치기를 조심해야 하는 곳, 성수기와 비수기를 가리지 않고 세계 각지로부터 쉴 새 없이 밀려드는 인파로 가득한 사시사철 여행지, 오랜 세월 조상들이 이루어 놓은 역사적 종교적 유물을 바탕으로 오늘도 세계 각국의 여행객들을 끊임없이 빨아들이는 블랙홀 같은 마력을 지닌 도시. 이처럼 동유럽의 관문인 프라하는 카멜레온처럼 다양한 모습으로 그 존재감을 과시하고 있었다.[6]

　내가 찾아간 프라하는 그야말로 여행객의 성지라 불릴 정도로 사람들이 북새통을 이루고 있었다. 그런 점에서 프라하는 이웃나라 폴란드의 수도 바르샤바와는 매우 대조적인 모습이었다. 바르샤바가 소박하고 단아한 하얀색의 한복을 입고 수줍은 모습으로 옷깃을 여미는 여인의 모습이라면, 프라하는 화려한 색의 옷으로 단장하고 당당한 모습으로 런웨이를 걷고 있는 모델의 모습을 연상케 한다. 그만큼 프라하는 여행객의 눈길을 끄는 매력적인 곳들로 생동감이 넘치고 있었다.

경상도식 표현으로 "머 눈에는 머 만 보인다!"는 말이 있다. 여기서 첫 번째 "머"는 '특정한 직업에 종사하는 사람'을 가리키는 단어이고, 두 번째 "머"는 그 사람의 '직업' 혹은 '관심분야'를 가리키는 말이다. '누구에게나 관심을 가지는 것이 눈에 들어오기 마련'이라는 뜻이다. 신학자의 눈에 비친 프라하는 거대한 종교 박물관 그 자체였다.

종교가 사회 전체를 지배하던 중세시대의 화려했던 유물을 품고 있는 크고 작은 명소들은 나름의 이야기를 간직한 채 프라하의 골목골목에 스며들어 있다. 이러한 프라하의 명소들은 대대로 체코의 수입원이 되어 왔고 지금도 관광수입은 체코에서 엄청난 외화 획득의 수단이 되고 있다. 4월 중순은 여행 시즌이 아님에도 불구하고 날마다 프라하 거리를 가득 채우는 관광객들은 체코 관광산업의 규모를 쉽게 짐작하게 했다.

소설가 김훈은 자신의 저서 『자전거 여행』에서 '모든 나무는 독립기관'이라 규정하면서, 사람들에게 '숲'이라는 전체의 일부분으로만 인식되던 '나무' 한 그루, 한 그루의 개별성에 초점을 맞춘다.[7] 중요한 사실은 이러한 그의 초점이 자전거라는 이동수단을 이용하는 소위 '느린 여행'을 통해서 비로소 파악될 수 있다는 것이다.

자전거 여행보다 더 느린 여행이 도보여행이다. 프라하의 구석구석을 걸어서 돌아보면 종교와 정치와 문화와 역사 이야기가 중요한 관광 포인트마다 스며들어 있다. 루터의 종교개혁이 일어나기 100년 전에 종교개혁의 기치를 높이 든 얀 후스의 이야기에서 시작하여 카를교의 형성과정과 30개의 성상에 관한 이야기, 프라하 성의 건축과정과 그 속에 담겨 있는 크고 작은 이야기들. 어디를 가든지 프라하는 로마 가톨릭과 개혁교회 및 유대교의 대립과 반목의 역사가 정치, 경제, 사회, 문화 등 다양한 영역과 맞닿아 있었다.

[사진1] 프라하 구시가지 광장 중앙에 서 있는 얀후스군상
체코의 종교지도자 및 민족지도자로서 얀 후스의 위상을 느낄 수 있다.

프라하 여행의 출발지는 구시가지 광장이다. 구시가지 광장에 들어서는 순간, 어김없이 시야에 들어오는 것이 바로 얀후스군상(群像)이다. 광장 중앙에 자리잡은 군상은 홀로 우뚝 서서 먼 곳을 바라보고 있는(실제로는 불에서 걸어 나오는 모습이다) 얀 후스를 중심으로 주변에 여러 사람들이 다양한 포즈를 취하고 있는 모습이다. 이 군상은 오랜 체코의 역사에서 얀 후스라는 인물이 갖고 있는 역사적 의미를 상징적으로 보여주고 있다. 얀 후스는 루터의 종교개혁(1517)이 일어나기 100년 전, 즉 14세기 말에서 15세기 초까지 종교개혁의 선구자로 활동했던 체코 민족의 영웅이다.

체코의 종교개혁가 '얀 후스'는 한국교회에 널리 알려진 인물이 아니다. 목회자들조차도 얀 후스라는 이름을 듣고서 고개를 갸우뚱할 수 있다. 신학생 시절 교회사 시간에 한두 번 이름을 들어본 적은 있겠지만 얀 후스에 대해 깊이 있게 탐구할 기회는 별로 없었기 때문이다. 그런 이유로 인해 한국교회 목회자들에게 익숙하지 않은 얀 후스는 자연히 한국교회 강단에서도 거의 언급되지 않았다.

서유럽 출신의 신학자들과 교회 지도자들이 상대적으로 약소국에 속했던 동유럽의 체코 종교개혁가 얀 후스를 드러내어 탐구하고 알릴 필요를 느끼지 못했던 탓일까?[8]

그럼에도 불구하고, 여행객들이 일단 프라하에 발을 디디면 프라하의 중심인 구시가지 광장으로 발길을 옮긴다. 그리고는 광장 중앙에 우뚝 서 있는 '얀후스군상'을 그냥 지나치는 사람은 없다. 이미 얀후스군상 앞에서 카메라 셔터를 누르고 있는 이들이 여행객들의 시선을 사로잡기 때문이다. 이와 같이, 가이드의 안내를 따라 프라하 투어를 하는 이들은 자연스럽게 얀 후스라는 인물을 접하게 된다.

구시가지 광장에서 인파를 따라 10여 분만 걸어가면 카를교(Karluv Most)가 나온다. 카를교에는 30개의 성상이 다리 양쪽에 같은 간격으로 줄지어 서 있다. 특히 네포무츠키(네포무크) 신부의 동상 앞에는 어김없이 긴 행렬이 서 있다. 그의 동상 좌우편 아래에 있는 개와 십자가 동판을 손으로 만지기 위해서이다. 이미 수많은 사람들의 손길이 닿은 부분은 황금빛으로 반짝이고 있다. 빛나는 부분을 손으로 만지면 소원이 이루어진다는 속설 때문에 카를교를 찾는 이들은 너나 할 것 없이 그 동상 앞에서 인내심을 갖고 경건한 마음으로 자기 차례가 오기를 기다린다.

그 동상에는 고해성사의 내용을 밝히라는 왕의 명령을 거부했다가 끝내 처참한 최후를 맞이한 궁정 신부 네포무츠키의 슬픈 이야기가 담겨 있다. 한 성직자의 슬픈 이야기는 오랜 세월이 지난 오늘날 세속을 살아가는 사람들의 소원을 성취해 주는 하나의 수단으로 변해 있었다. 카를교 위에는 인물화를 그리는 소위 도를 통한(?) 화가들이 간격을 두고 자리잡고 있다. 모델이 되어 이삼십 분만 인내하고 앉아 있으면 실물보다 더 실물 같은 한 장의 그림을 받아들고 미소를 짓는다. 지나가던 여행객은 그림 도사의 솜씨에 홀려 넋을 놓은 채 그림에 빠져들 수밖에 없다. 카를교를 지나고 건널목을 건너 언덕길을 올라가면 프라하 성이 나온다. 프라하 성은 중세시대의 보헤미아 왕국으로 들어가는 관문처럼 느껴지는 웅장함을 자랑하고 있다.

프라하 여행은 대부분 구시가지 광장의 얀후스군상에서 시작하여 카를교를 거쳐 프라하 성을 방문하는 순서로 진행된다. 시간 여유에 따라 이런 중요한 포인트 주변을 어느 정도로 자세히 돌아볼 것인가가 결정된다. 시간적인 여유가 있는 이들은 오전 오후 가이드 투어에 참가하여 프라하 시내 곳곳에 산재해 있는 명소들을 방문하면서 가이드의 자세한 설명을 들을 수 있다.

가이드와 함께 하는 투어는 프라하를 처음 방문하는 여행객에게 상당한 도움이 된다. 그럼에도 불구하고 가이드 투어는 각 명소의 건물 밖을 돌아보면서 설명을 듣는 것에 그치므로 가이드 투어를 통해 설명을 들은 후 다시 각 장소에 들러 내부를 둘러보는 수고가 뒤따라야 한다.

한 마디로 표현하자면, 프라하는 수많은 종교 유물을 품고 있는 거대한 종교 박물관이었다.

# 얀 후스에 꽂힌 여행

　일반적으로 동유럽 여행의 출발지는 체코의 프라하이다. 단순히 유럽의 명소를 둘러보는 여행이든 종교개혁지 탐방을 목적으로 하는 여행이든 그만큼 프라하는 동유럽과 중부유럽의 관문으로 알려져 있다. 특히 유럽의 종교개혁지를 탐방하는 이들은 보통 체코에서 시작하여 독일, 스위스, 프랑스, 영국 등 이웃의 몇 나라를 차례로 방문하는 것이 일반적인 일정으로 알려져 있다. 체코 프라하에서 출발하여 타보르나 체스키크룸로프 중 한 도시를 방문한 후 곧장 이웃나라 오스트리아를 거쳐 독일, 스위스, 프랑스를 거치면서 루터, 멜랑히톤, 칼뱅과 같은 종교개혁자들의 체취가 남아 있는 지역들을 둘러보는 것이 일반적이다.

　이처럼 체코가 유럽 종교개혁지 탐방의 출발지이기는 하지만, 상대적으로 주변의 다른 나라들만큼이나 중요한 지역으로 인식되지 않는 이유는 무엇일까?

　그것은 그만큼 한국교회가 얀 후스를 중요한 종교개혁가들 중 한 명으로 여기지 않기 때문이라 할 수 있다. 유럽의 종교개혁가라 하면 주로 루터와 칼뱅과 멜랑히톤 같은 서유럽 출신의 인물들이 한국교회에 널리 알려져 있다. 자부심이 강한 서유럽의 신학자들과 교회들이 지리적으로 변방에 위치한 약소국 체코의 종교개혁자 얀 후스를 널리 알려야 할 이유를 느끼지 못했던 것도 중요한 이유가 될 수 있겠다.

그동안 국내에서는 종교개혁자 얀 후스에 대한 소개와 연구가 그리 활발하게 이루어지지 않았다. 그러다가 2015년 후스의 순교 600주년을 전후하여 후스에 대한 관심이 일기 시작했다. 후스의 일생과 그의 신학을 비롯하여 그가 체코의 사회개혁에 미친 영향에 관한 논문들, 그리고 후스가 루터와 칼뱅에게 미친 영향 등을 담은 책과 논문이 소개되기 시작했다.

특히 프라하 시내의 여러 성당과 교회를 소개하는 여행안내서 형식으로 구성된 『걸어서 가 보는 프라하의 종교개혁 이야기』[9]와 함께, 대학 지성인, 설교자, 교사, 작사자, 신학자, 교회개혁자 등 다양한 시각에서 얀 후스의 업적을 조명한 『체코 종교개혁자 얀 후스를 만나다』,[10] 그리고 체코의 역사와 함께 얀 후스의 일생을 조명한 『종교개혁 이야기』[11] 등의 번역서들, 그리고 체코의 역사에 관한 몇 권의 책도 출간된 바 있다.

그럼에도 불구하고 국내에서 얀 후스에 관한 연구는 아직도 걸음마 단계에 있다. 얀 후스에 관한 여러 자료들을 접하면서, 한 가지 사실을 깨닫게 되었다. 그것은 얀 후스가 일생 동안 거쳤던 여러 장소들을 돌아보며 소개해 주는 책이 없다는 사실이었다.[12]

유럽의 여러 나라와 지역을 방문하면서 다양한 종교개혁자들의 생애와 사역을 둘러보는 것은 귀한 의미가 있을 것이다. 그럼에도 불구하고 한 번의 여행에서 여러 나라를 동시에 방문할 경우에는 얻는 것도 많겠지만 놓치는 부분이 더 많을 것으로 여겨졌다. 특히 한 인물과 관련하여 깊이 있는 내용을 알기 위해서는 보다 제한적이고 집중하는 여행이 필요하기 때문이다.

즉, 얀 후스가 태어나서 어린 시절을 보냈던 시골마을과 청소년기에 학교를 다녔던 지방의 소도시. 프라하대학에서 철학과 신학을 공부하고 설교사역을 수행했던 장소들, 교황으로부터 파문을 당하여 체코 귀족들의 도움으로 망명생활을 하면서 복음전파와 저술활동을 했던 장소들, 독일의 콘스탄츠공의회에 참석하기 직전에 머물렀던 시골의 성, 그리고 후스가 순교한 이후 체코 내에서 로마 가톨릭과 후스파 사이에 일어난 후스전쟁 지역들 등 얀 후스가 일생동안 거쳐간 지역들과 그의 영향을 받았던 곳들을 자세히 안내해 주는 책도 한 권쯤은 필요하다는 생각이 들었다.

이렇게 얀 후스가 거쳐 간 지역들을 방문하려 한 이유는 그의 발자취와 흔적을 직접 눈으로 보고 탐구하면서 단순히 책상 위에서 자료를 접하는 것으로는 경험할 수 없는 얀 후스의 정신과 영성을 보다 더 피부에 와 닿는 경험으로 체험하기 위해서였다. 그래서 이번 여행은 오로지 체코라는 한 나라에만 집중했다. 지금까지 얀 후스의 종교개혁과 관련하여 국내에서 발행된 여행안내서들은 프라하와 타보르 지역을 소개하는 정도에 그치고 있다. 그러므로 체코 전역에 걸쳐 얀 후스가 거쳐 간 장소들을 집중적으로 돌아보는 여행은 보다 의미 있는 여행이 아닐 수 없다.

얀 후스의 일생을 연대기적으로 따라가려면 다음과 같은 일정이 필요하다.

- 후시네츠: 후스의 탄생지
- 프라하티체: 후스가 어린 시절 다니던 학교
- 체스키크룸로프: 후스의 어린 시절 남 보헤미아의 대표적인 도시
- 프라하: 후스의 대학생활, 교수사역 및 설교사역
- 코지흐라덱: 로마 교황청으로부터 파문당한 이후 후스의 첫 망명지
- 세지모보우스티: 후스의 첫 망명지 근처의 소도시
- 크라코베츠 성: 후스가 독일의 콘스탄츠로 떠나기 직전의 망명지
- 타보르: 후스 사후에 발생한 대표적인 후스전쟁 지역
- 쿠트나호라: 쿠트나호라칙령 및 후스전쟁 지역

그러나 얀 후스의 발자취를 따라가는 이번 여행은 직접 핸들을 잡고 프라하에서 출발하는 자동차여행이므로 지역과 거리를 감안하여 다음과 같은 경로를 따랐다.

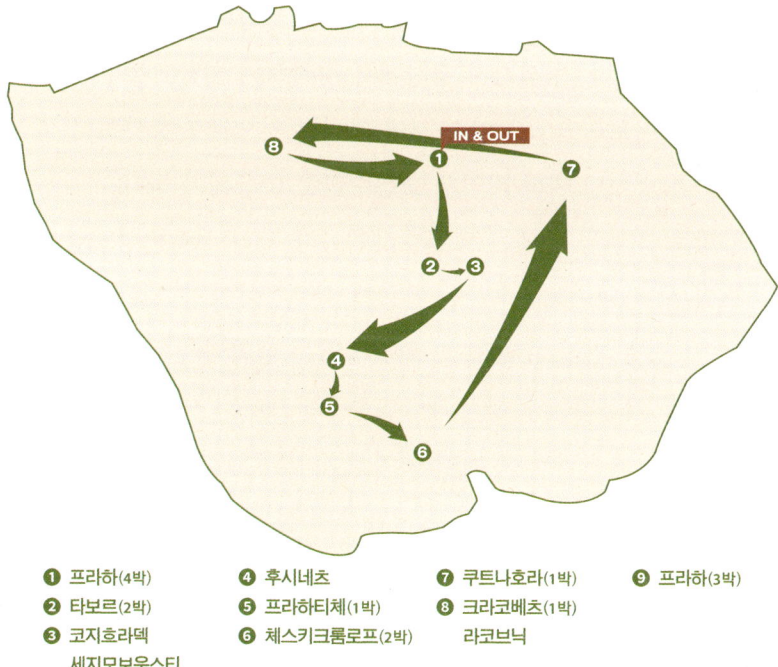

❶ 프라하(4박)
❷ 타보르(2박)
❸ 코지흐라덱 세지모보우스티
❹ 후시네츠
❺ 프라하티체(1박)
❻ 체스키크룸로프(2박)
❼ 쿠트나호라(1박)
❽ 크라코베츠(1박) 라코브닉
❾ 프라하(3박)

- 프라하(4박)
- 타보르(2박)
- 코지흐라덱
- 세지모보우스티
- 후시네츠
- 프라하티체(1박)
- 체스키크룸로프(2박)
- 쿠트나호라(1박)
- 크라코베츠(1박)
- 리코브닉
- 프라하(3박)

이 일정은 체코를 방문하는 일반 여행객들에게는 그리 매력적이지 않을 수도 있다. 하지만 종교개혁자 얀 후스의 발자취를 따라가려는 이들에게는 흥미 있는 여정이 아닐 수 없다. 프라하 시내 관광은 도보 여행으로 가능하다. 구시가지 광장에서 시작하여 카를교를 거쳐 프라하 성까지 둘러보려면 하루이틀 걸어 다니는 것으로도 충분하다. 하지만 프라하를 벗어난 여타 지역은 교통수단을 이용해야 한다.

이번 방문 지역들 중에는 코지흐라덱이나 크라코베츠 성처럼 기차나 버스와 같은 대중교통수단을 이용해서는 찾아갈 수 없는 지역들도 있다. 이럴 경우 가장 효과적인 여행 방법은 렌터카를 이용하는 것이다. 렌터카를 이용하는 여행은 대중교통수단으로는 갈 수 없는 지역을 방문하는 데도 효과적일 뿐 아니라 여행 시간과 일정을 조율하는데 있어서도 매우 유익하다. 게다가 여행자가 직접 핸들을 잡고 미지의 장소를 방문하는 것은 상당한 설렘으로 다가온다.

렌터카를 이용하여 목적지에 가려면 네비게이션의 안내를 받는 것이 중요하다. 여행 도중 렌터카 회사에서 대여한 네비게이션에 목적지 주소가 입력이 안 되는 경우도 있었다. 그럴 때면 핸드폰에 다운 받아 놓은 구글맵의 도움을 받았다. 사실 '구글맵에 문제가 생기면 어쩌나?' 하는 생각에 네비게이션을 대여하기는 했지만 그런 생각은 기우였다. 이번 여행에서 구글맵은 목적지를 찾아가는 데 있어서 매우 유용한 수단이었다. 구글맵 덕분에 시행착오를 줄일 수 있었고 이번 탐방을 보다 의미 있게 진행할 수 있었다. 이제 독자 여러분과 함께 체코의 종교개혁자 얀 후스의 발자취를 따라가는 여행을 출발하고자 한다.

# 얀 후스, 그는 누구인가?[13]

얀 후스(Jan Hus)는 1371년 경 남 보헤미아의 후시네츠(Husinec)에서 출생했다.[14] 그는 시골의 가난한 가정에서 태어나 믿음이 독실한 어머니로부터 신앙교육을 받았고 청소년 시절에는 후시네츠에서 약 8km 떨어진 프라하티체(Prachatice)라는 소도시의 학교에 다녔다. 후스는 1390년 프라하대학에 입학했고, 1393년 학사학위를 받아 1396년부터 대학에서 강의하기 시작했다. 1400년 프라하에서 성직자로 안수를 받았고 1401-1402년 겨울 학기에 프라하대학 철학부 학장이 되었다.[15]

대학시절 후스는 경제적으로 궁핍해서 굶는 일도 다반사였다. 길가에서 자기도 하고 구걸도 하는 등 어려운 환경에서 공부를 했다. 이런 그의 이력이 나중에 그가 체코의 지배층뿐만 아니라 서민들과 사회적 약자들까지 배려하는 포괄적인 사역을 하게 된 배경이 된 것으로 보인다.

1402년 그는 프라하대학[16]에 소속되어 있던 베들레헴채플(Bethlehem Chapel)의 설교자로 임명받았고 단숨에 프라하에서 가장 대중적인 설교자로 떠올랐다. 후스는 10년 동안 그 곳에서 설교사역을 감당했다. 그 기간 동안 얀 후스는 로마 가톨릭의 부정과 부패, 잘못된 교리들을 공적으로 지적하고 종교개혁을 요구하기 시작했다. 그는 1384년에 사망한, '종교개혁의 새벽별'이라 불리는 영국의 옥스퍼드에서 활동했던 존 위클리프(John Wycliffe)의 영향을 받았다. 당시 위클리프의 책이 공개적으로 불태워졌음에도 불구하고 얀 후스는 보헤미아에서 위클리프의 책이 배포되는 데 상당한 도움을 주었다.

얀 후스는 성직자들과 주교들의 도덕적 타락뿐 아니라 교황제도 자체를 비난했다. 그는 당시 성찬식에서 평신도들이 빵을 받고 잔을 받지 못하게 한 가톨릭의 일종(一種)성찬 제도를 비판하고 빵과 잔을 모두 받게 하는 이종(二種)성찬을 시행했다. 1409년 쿠트나호라칙령(Kutnohorsky dektet)이 발표된 후에 그는 프라하대학의 총장이 되었다. 쿠트나호라칙령은 바츨라프 4세 왕이 내린 칙령으로, 프라하대학이 위클리프의 가르침을 금지하는 결정을 한 것이 계기가 되었다.

그 칙령의 핵심내용은 게르만 민족 출신의 외국인들이 다수였던 프라하대학의 상황을 타파하기 위해 대학의 주요 회의에서 체코 민족 출신들은 1인당 3표를 갖고, 외국인 출신들은 1인당 1표를 갖게 하는 칙령이었다. 이로 인해 프라하대학은 이전에 세력을 갖고 있었던 독일인들을 중심으로 하는 외국인들의 힘이 급격히 약화되고 체코인들이 중심이 되는 대학으로 변모해 갔다. 후스는 대학에서 표현과 연구의 자유를 위한 투쟁의 대표로 활동했다.

로마 가톨릭의 입장에서 가톨릭 교리에 정면으로 도전하는 얀 후스는 눈엣가시였다. 결국 1411년에 이르러 교황은 후스를 파문했다. 그리하여 후스는 망명자의 신세가 되었지만 망명지에서도 계속해서 교회 개혁을 도모했다. 1412년은 갈등과 불화의 해였다. 프라하에서 면죄부 판매를 항의하는 시위로 사람들이 사망하는 등 힘든 상황이 발생하자 일시적으로 예배를 금지하는 법령인 '성무금지령'이 내려졌다.

[사진2] 프라하대학 정문
유럽의 대표적인 대학으로, 얀 후스는 프라하대학의 총장을 역임했다.

  1412년 후스는 유력자의 도움으로 일명 염소 성(Goat Castls)이라 불리는 코지흐라덱(Kozi Hradek)으로 이주했다. 거기서 후스는 약 1년 2개월을 머물면서 서민들을 대상으로 설교를 하였고 동시에 집필 활동에 심혈을 기울였다.

  1414년 얀 후스는 크라코베츠 성(Krakovec Castle)으로 이동해서 3개월간 거주하다가 그 해 11월에 독일의 콘스탄츠에 가지만 거기서 체포되어 옥중생활을 시작한다. 후스가 체코에 보낸 편지에는 "치통과 각혈과 두통이 나를 괴롭게 하였소" 라는 문구가 포함되어 있는데 이것은 그의 힘든 옥중생활의 단면을 보여준다. 옥중에 있던 후스를 방문한 신부가 후스를 설득해서 공의회에 복종시키려 했지만 후스는 신부의 말을 듣지 않았다. 결국 후스는 콘스탄츠 공의회에서 이단으로 선고를 받아 1415년 7월 6일 콘스탄츠에서 화형을 당한다.

얀 후스가 이국 땅 독일에서 순교하자 그가 로마 가톨릭의 폭력적 억압으로 인해 순교했다는 사실을 알게 된 체코인들은 민족적 분노로 들끓었다. 후스의 변호를 위한 항의 서한은 체코와 모라비아 영주들이 후스에게 지지를 천명한 452명의 체코 귀족들의 서명을 받아 작성되었고 그 서한을 공의회가 열리고 있는 콘스탄츠로 보냈다. 또한 프라하대학 당국은 후스와 후스보다 1년 뒤인 1416년 5월 30일 콘스탄츠 화형대에서 순교한 마스터 예로님 프라주스키(Jeronym Prazsky)의 업적에 대한 확인서를 써서 콘스탄츠로 보냈다. 이런 과정 가운데서 결국 후스의 유골은 라인 강에 뿌려졌다.

이렇게 후스를 매장하지 않고 그의 골분을 라인 강에 뿌린 이유는 그를 성인으로 간주하던 그의 추종자들에게 후스와 관련된 어떤 잔재도 남지지 않겠다는 콘스탄츠 공의회의 의도에서 비롯된 것으로 추측할 수 있다.[17]

후스가 순교하자 이에 대해 체코인들은 강한 반발을 했고, 보헤미아 지방에서는 혁명적 징후마저 나타나기 시작했다. 특히 콘스탄츠 공의회는 후스를 이단으로 처형했을 뿐 아니라 당시 보헤미아 지방을 이단 지역으로 규정했기 때문이다. 이로써 1415년 9월 2일 452명의 체코 귀족들은 콘스탄츠 공의회의 결정을 거부한다는 결의문을 채택했고 후스의 가르침을 끝까지 수호하겠다는 입장을 밝힘으로 로마 교황청의 파문에 공동 대응하겠다는 입장을 천명했다. 이 결의문은 모라비아 지방 귀족들도 동참했고 프라하대학 교수들을 포함하여 사회 각계각층의 광범위한 지지를 받게 되었다.[18]

후스파와 로마 가톨릭의 십자군 간에 일어난 일명 '후스전쟁'이 체코의 여러 지역에서 발생했다. 그 중에서도 특히 타보르에서 일어난 얀 지스카를 중심으로 한 후스주의 운동이 대표적이다. 독일의 종교개혁가 마틴 루터는 로마 가톨릭에 의해 보헤미아의 '이단자'로 알려진 얀 후스와 자신을 동일시하는 것에 대해 거리낌이 있었다. 하지만, 나중에 루터는 자신의 종교개혁이 얀 후스와 보헤미아인들에게 빚지고 있음을 공개적으로 표명한 바 있다. 이처럼 후스의 정신은 루터에게 이어졌고 계속해서 루터의 뒤를 이은 종교개혁자들에게 상당한 영향을 미치게 된다.

후스의 개혁은 단지 종교개혁에만 머물러 있었던 것이 아니라 사회개혁에까지 확장되었다. 프라하대학의 제도개혁과 아울러 베들레헴 채플에서 지속적으로 체코어로 선포한 후스의 설교는 당시 독일과 오스트리아 등 이웃나라의 억압 하에 있던 보헤미아 민족에게 민족적 자부심을 고취시켰다. 이러한 후스의 활동으로 인해 체코인들은 얀 후스를 단지 종교개혁자로서만이 아니라 민족지도자로서도 존경하고 있다. 구시가지 광장에 우뚝 서 있는 얀후스군상은 오랜 세월의 체코 역사에서 민족 지도자로서 얀 후스의 지위를 보여주는 중요한 단서라 할 수 있다.

## 프라하 하벨공항 도착

약 11시간의 비행 끝에 드디어 프라하 하벨공항[19]에 도착했다. 간단한 여권심사를 마치고 곧바로 공항 로비에 나왔다. 하벨공항은 인천공항과는 비교할 수 없을 정도로 작은 '아담 사이즈'의 공항이다. 공항 매표소에 가서 프라하 중앙역으로 가는 버스표를 60코루나에 구입했다. 체코의 화폐 1코루나(korunna)는 우리 화폐 단위로는 약 50원에 해당한다. 버스표 가격은 3천 원 정도로 비교적 저렴한 편이다. 버스표를 구입한 후 근처에 있는 보다폰(Vodafone)이라는 핸드폰 가게에 들렀다. 인천공항을 출발하기 전 포켓 와이파이를 구입하는 게 좋을지 아니면 현지에서 유심칩(Usim Chip)을 구입하는 게 나을지 알아보다가 결국 후자를 선택했다.

보다폰 가게에는 다양한 종류의 유심칩이 전시되어 있었다. 인터넷에서 알아본 바로는 2주간 사용한다 해도 2.5 GB짜리 유심칩으로 충분하다는 사실을 알고 있었다. 망설이지 않고 그 유심칩을 달라고 직원에게 요청했다. 친절하게도 직원은 핸드폰을 달라고 하더니 직접 유심칩을 갈아 끼워주었다.

공항에서의 준비를 마치고 공항 밖에 있는 버스 정류장에 갔다.

프라하 중앙역에 가는 버스를 타기 위해서였다. 이미 공항 정류소에는 몇몇 외국인들과 체코인들이 버스를 기다리고 있었다. 여행 비수기인 4월이어서 그런지 생각보다 사람들이 많이 보이지는 않았다.

약 20분 후에 버스가 도착했다. 버스표를 확인한 후 캐리어를 들고 버스에 오르니 앞쪽에 캐리어를 두는 전용공간이 마련되어 있었다. 공항에서 프라하 중앙역까지 가는 길은 그다지 특징적으로 보이지는 않았다. 차창가로 녹색의 들판이 보였고 간간히 회색빛의 낡은 벽이 보이는 낡은 집들이 모여 있는 마을이 빠르게 눈앞을 지나갔다. 공항에서 출발하여 중앙역까지 가는 길은 다소 삭막하게 보이는 동유럽의 흔한 마을 전경이었다. 그렇게 30분 남짓을 달려 프라하 중앙역에 도착했다.

백팩을 짊어진 채 양손으로 캐리어를 움켜잡고 버스에서 내렸다. 주변을 둘러보니 길 건너편에 중앙역사가 보였고 내린 쪽 보도 뒤로는 대형 주차장이 있었다. 곧바로 핸드폰을 꺼냈다. 구글맵을 켜서 예약한 호텔 주소를 입력했다. 버스에서 내린 사람들이 바로 앞에 있는 엘리베이터를 타고 아래층으로 내려가고 있었다. 구글맵에 목적지를 입력하자 안내하는 소리가 들렸고 구글맵이 이끄는 대로 발걸음을 옮겼다. 구글맵은 바로 앞에 있는 주차장으로 인도했다. 계속 구글맵을 따라가니 주차장 끝 낭떠러지 앞에서도 계속 직진하라는 표시가 나왔다. 뭔가 문제가 있음을 직감했다.

'구글맵에 문제가 있는 것은 아닐 텐데, 얘가 왜 이럴까?'

다시 정신을 가다듬고 손에 든 구글맵이 가리키는 방향으로 따라갔다. 도로를 따라 가다 보니 아래쪽으로 가는 길이 보였다. 캐리어를 끌고 내려가 보니 위쪽의 엘리베이터와 연결되어 있는 아래쪽이었다. 그제서야 아까 버스에서 하차한 뒤 사람들이 엘리베이터를 타고 곧장 지하 1층으로 내려간 이유를 알게 되었다. 길을 모르면 다른 사람에게 물어보거나 많은 사람들이 가는 곳에 섞여서 가다 보면 자연히 길을 찾게 될 텐데, 사람보다 구글맵을 더 믿었던 탓에 잠시 혼란스런 상황에 빠졌던 것이다.

아래쪽 도로에서는 구글맵을 따라가기가 한결 쉬웠다. 도로 바닥에는 사각형 모양의 돌이 촘촘히 박혀 있어서 캐리어 끄는 소리가 유난히도 크게 들렸다. 그렇게 약 20분간 프라하 시내에 있는 목적지를 향해 걸어갔다. 골목을 돌아가니 예약한 호텔이 눈앞에 나타났다. 앞에 있는 입구 문을 밀고 들어가려 했지만 문이 닫혀 있었다. 자세히 보니 문 앞에 안내문이 붙어 있었다.

"호텔 체크인을 하려는 사람은 바로 옆 레스토랑으로 문의하세요!"

레스토랑에 들어가 웨이터에게 "호텔에 체크인을 하려 한다!"고 하니 호텔 입구에서 기다리란다. 그러자 곧장 사람이 나와 입구 문을 열어주었다. 20대 후반으로 보이는 여성 리셉셔니스트였다.

호텔 여직원은 이런 일에 익숙한 표정으로 여권을 달라고 했다. 내민 여권을 받아들고 컴퓨터 모니터로 예약 상황을 확인하더니 여권을 복사하고 돌려주었다. 그리고 방 열쇠와 함께 프라하 지도와 다양한 투어 및 음악 콘서트를 안내하는 리플릿도 함께 건네주었다. 특히 호텔 오른편 식당을 이용할 경우 10% DC가 된다는 말도 잊지 않았다.

호텔 2층에 있는 방이 배정되어 엘리베이터를 타고 올라갔다. 방문을 열고 들어가니 청소가 되어 있긴 했지만 그리 맘에 들지는 않았다. 약간 어둡고 칙칙한 느낌이 들어서였다. 하지만 이 호텔을 예약할 때 위치를 가장 우선적으로 고려했으므로 불만은 없었다. 호텔을 나와 골목 하나만 돌아가면 곧바로 구시가지 광장이 나타나기 때문이다.

프라하 시내를 돌아보는 데 최적의 장소라는 사실은 호텔 내부의 약간 칙칙한 분위기를 상쇄하고도 남는다.

여장을 풀고 나니 저녁 때가 되었다. 호텔을 찾아오는데 나름 신경을 써서 그런지 피곤기가 몰려왔다. 방에서 쉴까 하는 생각도 들었지만 처음 와 본 프라하에 대한 궁금증으로 인해 잠시 호텔 주변을 돌아보기로 했다. 호텔을 나가서 골목 하나를 돌아가니 곧바로 구시가지 광장이 나왔다. 사람들이 오가는 가운데 한국에서 인터넷 사진으로 보았던 얀후스군상이 광장 중앙에 떡하니 자리잡고 있었다. 얀후스군상 아래 의자에는 몇몇 사람이 앉아서 한가하게 시간을 보내고 있었다. 광장 주변에는 사방으로 다양한 건축 양식의 건물들이 각기 나름의 개성과 자태를 뽐내고 있었다. 한눈에 보기에도 구시가지 광장은 프라하 여행을 시작하는 출발지로서 손색이 없는 장소였다. 광장에 나와 보고서야 비로소 시설 여부와는 무관하게 예약한 호텔이 프라하를 여행하기에 좋은 위치에 있음을 알 수 있었다.

지도를 들고 구시가지 광장을 중심으로 발길이 닿는 대로 이리저리 걸어 다녔다. 처음 방문한 낯선 프라하 시내에 조금이라도 익숙해지기 위해서였다. 호텔 근처에 있는 레스토랑에서 저녁식사를 하고 나니 동공이 풀리는 듯 피곤기가 엄습해 왔다. 하지만 7시간의 시차로 인해 어둠이 내리고 한밤중이 되었음에도 두 눈은 말똥말똥한 상태였다. 샤워를 하고 잠을 청해 보았지만 잠이 오기는커녕 더 의식이 또렷해졌다.

얼마나 지났을까…. 무의식 중에 잠이 든 것 같았다. 하지만 곧바로 '자다 깨다'를 반복하면서 잠을 설치다 보니 다음날 아침이 되었다.

금요일 아침. 호텔 지하 식당으로 내려가 간단한 뷔페식 아침식사를 했다. 그리고는 가이드와 함께하는 오전 투어에 참가하기 위해 호텔을 빠져나갔다. 가이드 투어는 종교개혁과 관련하여 전문적인 안내를 하는 투어는 아니었다. 그러나 체코의 역사와 프라하의 주요 관광 포인트에 대한 설명을 들을 수 있어서 유익할 것이라 생각했다. 물론 한국에서 가이드 투어에 관한 정보를 미리 확인한 상태였다. 나에게 가이드 투어 참가는 이번 여행의 '몸풀기' 과정에 해당된다. 왜냐하면, 얀 후스의 발자취를 따라가기 위해서는 기본적으로 얀 후스가 살았던 14-15세기 당시 보헤미아의 역사, 즉 프라하를 중심으로 하는 체코의 역사적 배경을 알 필요가 있었고 가이드 투어를 통해 그 내용을 보다 생생하게 접할 수 있기 때문이다.

### 프라하 가이드 투어(1)[20]

 가이드와 함께하는 오전 투어는 월요일에서 금요일까지 매일 오전 9시 30분 시민회관 앞에서 시작된다. 구시가지 광장 가까이에 있는 화약탑을 지나 시민회관 앞에 도착했다. 오전 9시 15분이었다. 옆에서 귀에 익은 언어가 들려왔다. 벌써 투어에 참가할 몇몇 사람들이 도착해 있었다. 투어 참가자들은 대부분 한국에서 온 20대의 젊은이들과 부부로 보이는 젊은 커플들이었다. 나와 같은 중장년은 거의 보이지 않았다. 약속 시간이 되자 여성 가이드가 도착했다. 그녀는 한글이라고는 전혀 모를 것 같은 이국적인 외모의 가진 여성이었지만 그녀의 첫 마디를 통해 그녀가 토종 한국인임을 알 수 있었다.
 가이드는 화려한 언변으로 오전 투어를 진행했다. 바로 앞 건물 시민회관에 대한 소개가 시작되었다. 1905년에 건립되어 체코인의 민족문화부흥을 위한 복합문화공간으로 자리잡은 시민회관. 건립될 당시의 정치적 상황에 대해서 그리고 각 층이 어떤 용도로 사용되고 있는지, 마치 얽힌 실타래를 풀듯이 그녀의 입에서는 시민회관의 역사에 관한 설명이 꼬리에 꼬리를 물고 이어졌다. 너무나도 사실적이고 자세한 그녀의 묘사로 모두들 넋이 빠진 채 그녀의 설명 속으로 빠져들었다.

체코의 근대사에 대한 가이드의 설명이 이어졌다. 1500년대 중반 이후부터 약 300여 년간 오스트리아 합스부르크 왕가의 지배를 받은 것을 시작으로, 2차 세계대전 때 약 7년간 독일의 지배를 받고 2차 세계대전 후 40여 년간 구소련의 지배를 받은 후, 1968년 구소련의 스탈린식 억압통치에 항거한 체코 국민들이 일으킨 '프라하의 봄'이 구소련의 군대에 의해 실패로 돌아갔다는 사실. 하지만, 그런 저항을 기반으로 하여 1980년대 벨벳혁명(Velvet revolution)을 통해 구소련의 지배에서 벗어났다는 사실을 실감나게 설명해 주었다. 그녀는 중고교 시절 어떤 역사 교사에게서도 듣지 못했던 체코의 근대사를 재미있게 풀어줌으로 참가자들의 이목을 단번에 사로잡았다.

오전 가이드 투어는 시민회관 앞에서 시작하여 화약탑의 유래와 체코국립은행 등 각 건물의 역사적 유래에 대한 설명으로 이어졌다. 자리를 옮겨 바츨라프광장으로 갔다. 광장에서 일어난 체코의 민주화 과정에 대한 설명과 이 과정에서 희생된 청년들에 대한 설명을 들으면서 어느 민족 어느 국가에서나 평화는 거저 주어지는 것이 아니라 누군가의 희생을 통해 주어지는 것임을 다시금 확인할 수 있었다. 오전 가이드 투어는 하벨시장과 구시가지 광장을 지나 광장 근처에 있는 프라하대학 정문과 스타보브스케 오페라극장 앞에 이르러 끝이 났다. 기대 이상의 유익한 투어였다.

얀 후스의 발자취를 추적하려는 내 입장에서는 가이드 투어가 진행되는 가운데 카를대학으로 알려진 프라하대학에 관한 설명이 가장 인상적이었다. 카를대학이 중부 유럽 최초의 대학으로 1348년 카를 4세 때 건립되었다는 사실에서 시작하여 카를 4세의 화려한 이력과 함께 그가 카를대학을 설립한 배경에 대한 내용이었다. 카를대학뿐 아니라 카를교와 성비투스대성당 역시 카를 4세의 명령으로 건립이 시작되었다는 사실은 당시 여느 왕들과는 다른 카를 4세의 탁월한 지도력을 짐작하게 했다.

이 외에도 비록 규모가 작지만 1232년부터 시작되었다는 오랜 역사를 자랑하는 하벨시장, 1365년에 건립된 구시가지 광장에 있는 고딕양식의 틴성모성당, 1410년에 만든 천문시계 등 구시가지의 현존하는 상당수의 건물들에 관한 설명이 인상적이었다. 특히 이런 건물들이 대부분 얀 후스가 활동하던 중세부터 있었던 건물들로서 14-15세기 당시에 프라하에서 활동했던 얀 후스가 드나들었던 장소들과 공간들이라는 사실로 인해 새로운 느낌으로 다가왔다.

가이드의 설명은 대부분 체코의 일반 역사를 중심으로 설명이 진행되었다. 그런 이유로 인해 프라하 시내의 각 명소가 종교적으로 그리고 신앙적으로 어떤 의미를 갖고 있는지에 대한 깊이 있는 설명을 듣기에는 한계가 있다는 사실도 알 수 있었다. 프라하 시내에서 종교개혁과 관련된 주요 명소들을 개신교적 입장에서 설명해 주는 책은 단연 『걸어서 가 보는 프라하 종교개혁 이야기』[21]라 할 수 있다. 이 책은 프라하 시내의 명소들을 지역별로 나누어 각 명소가 가지는 종교적 역사적 배경을 자세히 설명해 주고 있다. 나 역시 프라하에 오기 전에 이 책을 통해서 프라하의 여러 명소들이 종교개혁과 어떤 관련이 있는지를 자세히 살펴볼 수 있었다.

특히 구시가지 광장에 프라하의 상징으로 우뚝 서 있는 얀후스군상은 얀 후스가 체코인들에게 어떤 위상을 갖고 있는지를 단적으로 보여주고 있다고 해도 과언이 아니다. 하지만 투어 가이드는 얀후스군상 앞에서 얀 후스가 루터와 칼뱅의 종교개혁이 있기 백 년 전에 체코에서 구교에 맞서 종교개혁을 일으킨 대표적인 종교개혁자라는 가장 기본적인 내용만을 언급했다. 아마도 그리스도인들이 아닌 일반인들을 상대로 진행되는 투어여서 얀 후스에 대해 더 자세한 설명이 필요하지 않다고 생각했을 수도 있다. 하지만 종교개혁과 관련된 보다 깊이 있는 내용을 설명해 주었으면 하는 아쉬움이 드는 것은 어쩔 수 없었다. 베들레헴채플을 포함하여 얀 후스와 관련된 명소들을 투어 코스에 포함하지 않은 것 또한 아쉬움으로 남았다.

종교개혁가 얀 후스의 흔적을 따라가기를 원하는 여행자를 위해서 얀 후스가 어떤 인물이며, 얀 후스의 종교개혁이 어떠했으며, 얀 후스가 체코의 사회개혁에까지 영향을 미쳤다는 이야기를 구체적으로 설명해 준다면 여행의 감동이 배가될 것이다. 종교개혁지 탐방을 목적으로 프라하를 방문하는 이들을 위한 특화된 가이드 투어가 필요하다는 생각을 하면서 호텔로 돌아왔다.

## 카를교의 전설

　체코에 도착한 지 셋째 날. 어제 새벽처럼 오늘도 눈을 뜨니 시계가 새벽 1시를 가리키고 있다. 창문 밖으로 왁자지껄한 소리가 들렸다. 이 소리 때문에 잠에서 깼던 모양이다. 큰 소리로 떠드는 이들이 관광객인지 현지인인지는 알 수 없었지만 이 시간까지 술잔을 기울이며 떠드는 그들의 소리가 이국땅에 와서 아직까지 신경이 예민해져 있는 한 여행객이 한밤중에도 잠들지 못하게 한 원인이었다는 사실은 그들도 몰랐을 것이다. 어쨌든 시차 적응을 위해서는 며칠이 더 지나야 할 것 같았다.

　오늘 일정을 위해서는 마냥 뜬 눈으로 있을 수만은 없었기에 잠을 청했다. 자는 둥 마는 둥 이불을 뒤척이다가 의식이 들어 시계를 쳐다보니 새벽 3시였다. 이제 밖은 조용해졌다. 하지만 이대로 깨어 있다가는 틀림없이 오늘 하루 일정이 망가질 것이 불을 보듯 뻔했다. 다시 자리에 누웠다. 그렇게 비몽사몽간에 아침을 맞았다.

　일어나니 별로 아침식사 생각이 없어졌다. 그러나 오늘은 많이 걸어야 하는 관계로 의무적으로라도 아침식사를 하는 것이 좋을 듯했다. 호텔 지하 식당으로 내려갔다. 몇 조각의 빵과 요구르트 그리고 바나

나와 오렌지 등 몇 가지 과일로 배를 든든히 채웠다. 특히 오렌지와 자몽은 맛이 일품이었다.

　방에 올라와 여행 채비를 하고 프라하 성으로 향했다. 먼저 구시가지 광장 쪽으로 나가니 이른 아침이라 사람들이 많지는 않았다. 구글맵의 안내로 광장 옆의 길을 따라 카를교 쪽으로 걸어갔다. 어디서 나타났던지 점점 더 많은 사람들이 보이더니 어느새 도로는 여행객들로 가득 찼다. 다양한 연령층의 사람들이 삼삼오오 작은 무리를 지어 카를교를 향하고 있었다. 골목마다 빼곡히 들어선 크고 작은 가게들이 각종 기념품과 상품을 화려하게 전시해 놓고 지나가는 여행객을 유혹하고 있었다.

　인파를 따라 골목길을 돌아가니 트램과 차량이 지나다니는 도로의 교차로에 이르렀다. 건너편에는 카를교입구에 서 있는 탑이 보였다. 카를교 앞에는 이미 여러 그룹의 사람들이 기념사진을 찍고 있었다. 세계 각지에서 온 여행객을 환영이라도 하듯이 카를교 입구에는 대형 탑이 우뚝 서 있었다. 오른쪽에는 카를교를 건설하라는 명령을 내렸지만 정작 자신은 카를교가 완성되기 전에 사망함으로 카를교의 완성을 보지 못했던 카를 4세의 동상이 서 있었다. 길가에 엎드려 구걸하는 걸인들에서부터, 해군 군복을 입고 보트 여행을 권하면서 안내문을 나눠주는 이들, 기념사진을 찍어 주겠다고 접근하는 사진사들, 그리고 성당에서 열리는 콘서트 티켓을 판매하는 이들 등 다양한 사람들이 지나가는 사람들에게 호객 행위를 하고 있었다.

　체코에 오기 전 인터넷을 통해 접했던 정보 중 하나는 카를교를 지나갈 때 소지품을 조심하라는 것이었다. 이유즉슨 절도사건이 자주 발생하기 때문이라는 것이다. 그런데 막상 카를교를 걸어가는 동안은

[사진3] 카를교에서 바라본 프라하 성
프라하의 대표적인 여행지 중 하나로 사시사철 인파가 몰리는 곳이다.

다리 위에 같은 간격으로 서 있는 30개의 성상들, 흘러가는 블타바 강물, 그리고 저 멀리 언덕 위에 보이는 그림 같은 프라하 성의 전경에 빠져 소지품을 조심해야 한다는 사실을 깜빡 잊어 버리고 있었다. 카를교에는 일정한 간격으로 30개의 성상이 양쪽으로 늘어서 있었다. 처음 카를교를 건설할 당시에는 성상이 없었지만, 프라하의 귀족들이 프라하 시에 기증하여 30개의 성상으로 늘어났고 이것이 카를교를 더욱 특별한 다리로 만들었단다. 다행히도 다리 위에서 불미스런 절도사건은 일어나지 않았다.

다리 위에는 프라하 시에서 허가 받은 번호가 붙여진 각종 노점상들이 물건을 판매하고 있었다. 엽서카드와 열쇠고리를 판매하는 리어카에서부터 다양한 기념품을 전시해 놓는 노점상들이 지나가는 행인들

의 눈길을 유혹하고 있었다. 이외에도 다리의 중간중간에는 초상화를 그리는 화가들이 자리를 잡고 있었다. 마침 초상화를 의뢰한 한 사람이 자신의 얼굴이 어떻게 그려지고 있는지를 상상하면서 즐거운 모습으로 의자에 앉아있었다. 그 앞에서 연필을 든 화가는 빠른 속도로 모델의 얼굴을 캔버스에 담고 있었다. 언뜻 봐도 장인의 기풍이 느껴졌다. 화가는 그림이 완성될 때까지 내 발길을 놓아주지 않았다.

어쩌면 이렇게 한 치의 오차도 없이 실물 그대로 사람의 얼굴을 그릴 수 있을까?

실물보다 더 실물같이 그리는 그의 실력에 탄복하지 않을 수 없었다.

발걸음을 옮겨 카를교 중간쯤을 지날 때였다. 오른쪽에 있는 한 성상 앞에 유독 사람들이 많이 모여 있었다. 가까이 보니 사람들이 성상 앞에 줄을 서 있었다. 맨 앞에 있는 사람이 동상 아래쪽의 부조 부분에 손을 대고 문지르면서 사진을 찍은 후에 빠져 나가면, 다음 사람 역시 앞 사람의 행동을 그대로 따라 하는 것이다. 알고 보니 그 성상은 얀 네포무츠키(Svatý Jan Nepomucký) 신부의 입상이었다. 영어로는 요한 네포무크 혹은 네포무크의 성 요한(Saint John of Nepomuk)으로 불리는데, 사람들이 네포무츠키 신부의 동상을 손으로 문지르는 이유는 옛날부터 전해져 내려오는 전설 때문이란다.

네포무츠키는 14세기 말 바츨라프 4세가 보헤미아의 왕으로 있던 시절 프라하 대주교의 총대리로서 왕족의 고해성사를 들어주는 궁정신부의 역할을 수행하고 있었다. 당시 바츨라프 4세는 자신의 아내 소피아 왕비가 장군 한 명과 부정을 저지르고 있다고 의심하고 있었다. 어느 날 왕이 전쟁터에 나갔다가 돌아오자 한 신하가 왕에게 고했다. 왕이 궁정을 떠나 있을 때 소피아 왕비가 궁정신부에게 고해성사를 하러 가는 것을 보았단다. 평소 왕비의 부정을 의심하던 왕은 궁정신부 네포무츠키를 불렀다. 그리고 왕비가 어떤 내용의 고해성사를 했는지 신부에게 캐물었다. 신부가 말을 하지 않자 왕은 궁정신부를 고문하면서 고해성사 내용을 실토하라고 위협했다.

신부가 끝까지 고해성사의 내용을 말하지 않자, 왕은 네포무츠키의 혀를 뽑아 죽인 후 그의 시신을 블타바 강에 던져버렸다. 그러자 나라에서는 좋지 않은 일이 계속해서 일어났다. 얼마 후 네포무츠키의 시신이 훼손되지 않은 채 그대로 물 위로 떠올랐다. 나라에서 안 좋은 일이 계속 일어나는 것이 네포무츠키의 억울한 죽음 때문이라는 흉흉한 소문이 백성들 사이에 퍼져 나갔다. 그러자 왕은 그의 시신을 건져내 비투스대성당에 안치해 주었다. 그러자 비로소 나라가 안정을 되찾았다.

그 이후로 네포무츠키는 자신의 목숨까지 걸고 고해성사의 비밀을 지켜줌으로 희생당한 순교자로 많은 사람들의 추앙을 받게 되었다.

이런 전설을 바탕으로 하여 만든 네포무츠키 동상 아랫부분의 좌우편 동판에는 소피아 왕비와 개의 모습이 있다. 왼편에는 네포무츠키에게 고해하는 왕비가 있고 그 뒤로는 바츨라프 4세와 그의 개가 있고, 오른편에는 거꾸로 매달려 강에 떨어지려고 하는 네포무츠키와 그를 지켜보도록 강요받으면서도 고개를 돌리는 소피아 왕비가 있다. 속설인즉 개와 매달린 네포무츠키 신부의 조각 부분에 손을 대고 소원을 빌면 그 소원이 이루어진다는 것이다.

그래서 카를교를 방문하는 이들은 하나같이 네포무츠키 동상 아래쪽의 동판 부조를 만짐으로 자신의 소원성취를 염원하고 있었다. 너무나도 많은 사람의 손길이 닿아서 사람들이 만진 부분만 황금빛으로 반들반들 빛나고 있었다. 왕의 위협과 자신의 죽음 앞에서도 고해성사의 내용을 발설하지 않았던 의로운 성직자 네포무츠키는 후대 사람들이 자신들의 소원을 비는 대상이 되어 있었다.(네포무츠키 동상에서 발걸음을 옮길 무렵 승복을 입은 승려들이 네포무츠키 동상을 배경으로 하여 기념사진을 찍는 모습이 매우 인상적이었다.)

연대기적으로 보면 네포무츠키 신부는 얀 후스보다 약 25년 전에 태어나서 얀 후스보다 약 20년 전에 선종한 인물로 50세도 채 살지 못한 비운의 인물이다. 그는 정치와 종교가 뒤섞여 있었고 종교인이 왕에게 빌붙어 살던, 부정부패가 극심했던 중세 당시에 성직자로서의 신념을 지키기 위해 자신의 목숨까지 바친 인물이다. 네포무츠키와 얀 후스는 동시대에 프라하라는 같은 지역에서 살았고 두 사람은 분명 서로의 사역과 활동에 대해 알고 있었을 것이다. 네포무츠키는 중세 가톨릭이라는 제도권 내에서 참된 성직자의 길이 어떤 것인지를 보여주고자 했던 반면, 얀 후스는 중세 가톨릭의 미신적이고 비 신앙적인 교리 자체를 뒤엎는 종교개혁을 일으켰다.

과연 얀 후스는 네포무츠키 신부를 어떻게 바라보았으며, 네포무츠키 신부는 얀 후스의 종교개혁에 대해 어떻게 생각했을까?

궁금한 마음이 들지 않을 수 없었다.

## 체코의 자랑, 프라하 성

　프라하 성(Praha Castle)은 다소 높은 지대에 위치하고 있어 경사로를 따라 올라가야 한다. 거리를 걷다 보면 볼거리가 많아 프라하 성까지는 그리 멀게 느껴지지 않았다. 하지만 실제로 구시가지 광장에서 프라하 성까지는 그리 가까운 거리는 아니다. 언덕길 또한 걷기에 만만치가 않다. 그럼에도 불구하고 많은 사람들 틈에 섞여 함께 걸어가다 보면 그렇게 힘들다는 생각은 들지 않는다. 좁은 골목길 한쪽에 마련되어 있는 인도를 따라 한참을 올라가니 바로크 건축의 정수로 손꼽히는 성미쿨라셰교회(St. Nicholas Church)가 그 모습을 드러냈다.
　이 교회는 13세기에 고딕양식으로 건축되었으나 후에 화제로 소실되었고 18세기에 바로크 양식으로 지어진 교회이다. 모차르트가 자주 이 교회에 연주하러 왔고 그가 사망하자 가장 먼저 추모예배가 열린 곳이 이 예배당이라 한다. 예배당 내부에는 지금도 모차르트가 연주했다는 오르간이 있다.
　교회 앞의 말라스트라나(Malá Strana) 광장 중앙에는 삼위일체 동상이 우뚝 서 있다. 이 동상은 일반적인 동상들과는 달리 그 모습이 특이하다. 14세기 중엽부터 유럽을 휩쓸었던 흑사병이 끝난 것을 기념하기 위해 18세기 초반에 세워진 동상이라 한다. 지금은 작은 규모의 광장이 차들로 꽉 들어차 있는 주차장으로 사용되고 있다. 조금 더 올라가면 계단이 나온다. 계단 아래에서 잠시 숨을 돌렸다가 계단을 따라 올라가다가 끝부분을 돌아가면 프라하 성 입구가 나타난다.

궁의 입구 왼편 끝에 사람들이 줄을 서 있었다. 성 내부로 들어가기 위해 서 있는 줄이었다. 그 줄에 합류했다가 보안요원들로부터 소지품 검사를 받은 후 입장했다. 내부로 들어가니 한 눈에 엄청난 규모의 비투스대성당 전면이 눈앞에 펼쳐졌다. 압도적인 카리스마를 자랑하는 대성당의 위용을 놀란 토끼마냥 모두들 뚫어져라 쳐다보고 있었다. 한쪽에서는 한 무리의 여행객이 카메라 셔터를 눌러대기에 바빴다.

비투스대성당 입구의 광장은 이미 많은 사람들로 인산인해를 이루고 있었다. 자세히 보니 대성당 맞은편에 매표소가 있었다. 티켓은 A, B, C로 구분되어 있는데 나는 그 중에 B 티켓을 구입했다. 그리고는 비투스대성당에 들어가는 줄을 서려고 발걸음을 옮겼다.

그런데 '아뿔싸!' 이게 웬일인가?

이미 엄청난 수의 사람들이 줄을 서 있었다. 대성당 입구에서 시작하여 성당의 뒤쪽까지 줄이 길게 늘어서 있었다. 어쩔 수 없이 줄의 맨 뒤쪽에 갈 수밖에 없었다.

몇 겹으로 서 있는 줄에는 세계 각지에서 온 이들이 각각 자기 나라 방언으로 함께 온 일행과 무언가를 재잘거리고 있었다. 한국에서 온 여행객들도 어렵지 않게 볼 수 있었다. 패키지여행으로 온 중장년 그룹이 가장 쉽게 눈에 띄었다. 모두들 근사하게 멋을 부린 옷차림이었다. 조금씩 앞을 향해 줄을 줄여 나갔다. 성비투스대성당은 첫 인상부터 압도적으로 다가왔다. 성당의 위쪽을 바라보면 삐쭉삐쭉 튀어나온

첨탑들이 눈에 들어온다. 자세히 보면 그 부분들은 모두 험악하게 생긴 동물의 두상들로 이루어져 있다. 그런 험악한 동물의 두상들은 프라하의 영적 진원지로 여겨지는 대성당을 지키는 수호자들로 보였다. 그만큼 이곳이 악한 마귀가 침범하지 못할 신성한 장소임을 암시해 주는 듯했다.

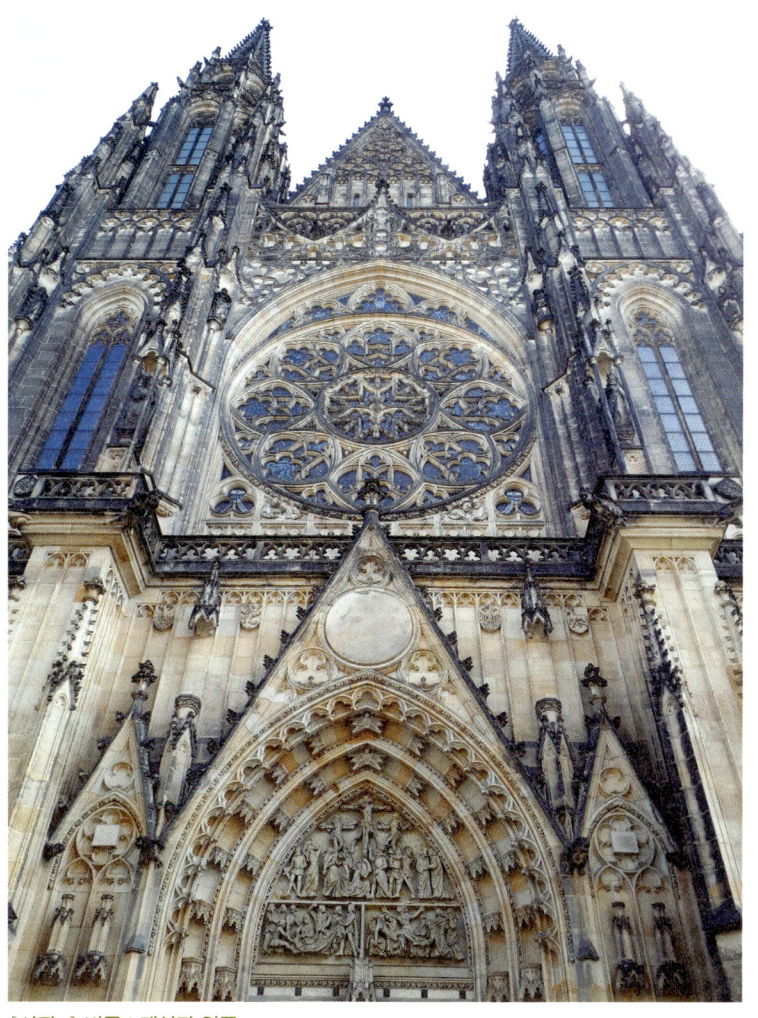

[사진4] 비투스대성당 입구
프라하 성 입구로 들어가면 압도적인 위용을 자랑하는 비투스대성당 입구가 눈 앞에 펼쳐진다.

세계 최대로 알려져 있는 성비투스대성당, 건축 기간만 하더라도 계산법에 따라 600년 혹은 1000년으로 알려져 있을 정도이다. 이렇게 수세기에 걸쳐 건축되어 온 대성당이니 체코의 전 역사를 품고 있는 대표적인 건물이 아닐 수 없다. 원래 성비투스대성당은 AD 900년대 당시 가톨릭 교인이었던 바츨라프 4세 의해 건축이 시작되었다고 한다. 그는 왕의 신분이었음에도 불구하고 백성들에게 많은 선행을 베풀었다. 당시 보헤미아 지방의 사람들은 다양한 민간신앙에 의존하고 있었다. 그런데 이러한 왕의 선행에 감동을 받은 많은 백성들이 가톨릭으로 개종했다.

이러한 바츨라프 4세의 선행에 대해 게르만족 하인리히 왕이 선물을 제공했다. 당시에는 죽은 성인의 몸을 신성시하는 습관이 있었고, 그런 이유로 하인리히 왕은 죽은 성인의 왼팔을 잘라 바츨라프 왕에게 선물로 주었다. 그러자 바츨라프 왕은 신성한 성인의 팔을 모셔 놓을 장소를 찾다가 이곳에 성당을 건축해서 그 팔을 모셨는데 이것이 첫 번째 성당 건축이었다. 1060년경에는 가톨릭 신도들이 급격하게 늘어남으로 보다 규모가 큰 성당을 건축했는데 이것이 두 번째 성당 건축이었다.

그 후 1300년대 중반이 되어 더 큰 규모의 대성당 건축 즉 세 번째 건축이 시작되었다. 워낙 큰 규모의 공사였던 관계로 당시 23세였던 독일의 신예 건축가 피터 파를러를 보헤미아로 초청했다. 그는 독일의 대표적인 건축물 중 하나인 퀼른 성당을 건축한 집안의 아들로 비투스대성당 건축을 의뢰 받고 보헤미아로 건너와 건축을 지휘하던 중 카를교 건설까지 의뢰를 받아 이 둘을 동시에 감독하며 공사를 진행했다. 젊은 시절 보헤미아로 건너와 비투스대성당과 카를교 공사를 지휘하다가 노년에 이르게 되자 피터 파를러는 자신의 아들 두 명을 모두 공사에 투입하는 투혼을 발휘했다. 이러한 대성당 건립과 관련된 역사적 이야기는 비투스대성당 입구 옆에 있는 문의 동판에 그림으로 그 모양이 새겨져 있다.

14세기 후반에 얀 후스가 프라하대학에 학생으로 있던 시절, 후에 성직자로 안수 받고 베들레헴채플의 설교자로 가톨릭의 부정부패를 선포하고 종교개혁의 기치를 높이 들던 시절, 그리고 프라하대학의 총장이 되어 대학 개혁을 주도하던 시절은 프라하의 가톨릭교회가 세 번째 비투스대성당 건립에 여념이 없던 시절이었다. 즉, 세 번째 비투스대성당을 건립하던 모습은 당시 종교개혁을 부르짖던 얀 후스에게 더더욱 가톨릭에 대해 부정적으로 바라보게 하는 원인으로 작용했을 것으로 추측되었다. 왜냐하면, 건립 과정에 들어간 엄청난 비용 중 상당 부분이 로마 교황의 비호 아래 면죄부 판매를 통한 수익금으로 충당되었기 때문일 것이다.

라틴어로 기록된 성경을 일반 성도들이 직접 읽지 못하던 시절, 곧 단지 교황에서 신부들로 내려오는 교시를 하나님의 말씀으로 받아들이던 시절, 체코의 성도들은 제도권 교회가 교리적 정당성을 확인해 준 면죄부 구입을 통해 자신들의 믿음을 확인하고 가족 구원에 대한 소망을 성취하려 했다. 결국 그것은 하나님의 뜻에 대한 사람들의 무지와 이를 이용해 자신들의 탐욕을 채우려 한 고위 성직자 계급이 결합되어 빚어낸 엄청난 과오의 결과라 할 수 있다. 지금은 화려한 유적이요 신심의 표상으로 남아 있는 비투스대성당이 중세 당시에 보헤미아 서민들의 영적 갈구와 고위 성직자 계급의 탐욕이 뒤섞인 결과물이란 사실은 하나의 아이러니가 아닐 수 없다.

어쨌든 비투스대성당의 세 번째 건축공사는 얀 후스가 순교한 이후인 15세기 당시 보헤미아 각 지역에서 후스전쟁이 발발함으로 잠시 중단되었다. 당시 면죄부 판매를 비롯해 중세 가톨릭의 부정적인 모습에 반기를 들어 종교개혁을 외쳤고 동시에 보헤미아의 민족적 부흥을 이끌었던 얀 후스는 결국 독일의 콘스탄츠에서 화형 당했다. 그러자 진리를 향한 행진이 멈춰지는 듯 보였다.

그러나 얀 후스의 생명을 바친 순교는 오히려 그를 따르던 수많은 보헤미아인들의 가슴에도 불을 지폈다. 얀 후스의 죽음을 계기로 하여 당시 가톨릭의 영향력 하에 있던 보헤미아의 여러 군주들은 가톨릭의 권위를 백성들에게 강제하려 했지만 후스를 따르던 후스파 백성들은 이에 저항했다. 이렇게 후스의 정신을 따르던 후스파와 급진 후스파 그리고 가톨릭의 십자군 사이에 전쟁이 발발했다. 이 전쟁을 후스전쟁(Hussitenkriege)이라 하며 1419년부터 1434년까지 계속되었다. 이 기간 동안 비투스대성당의 공사는 중단되지 않을 수 없었던 것이다.

그 후 비투스대성당은 1500년대 중반 오스트리아의 합스부르크 왕가가 보헤미아를 다스릴 때까지 방치되었다가 1800년대 중반에 이르러 보헤미아의 민족문화부흥이 일어났을 때 공사가 재개되었다. 이어서 체코슬로바키아 정부가 들어서서 공사를 지원함으로 1929년에 이르러 완공되었다. 결국 대성당의 공사 기간은 짧게 보면 600년이요 길게 보면 1,000년이다. 그러기에 비투스대성당은 단지 로마 가톨릭이라는 한 종교의 대표적인 건물이라기보다는 체코 민족의 오랜 역사를 품고 있는 민족의 건물로도 인식되고 있는 듯 보였다.

그럼에도 불구하고 비투스대성당은 규모와 건물 내외부의 화려한 장식을 통해서 백성들이 쉽게 접근할 수 없는 위압감과 특별함을 강조하고 있다. 이러한 위압감과 특별함에 대한 강조는 일반 성도들과는 다른 성직자의 역할과 지위를 우위에 두는 사제주의를 강화하는 수단으로 사용된 측면이 있었던 것으로 보인다. 대성당 건물의 거대하고 압도적인 위용은 그 자체로 이곳을 방문하는 여행객들에게 대성당의 권위에 복종하는 마음을 갖게 하는 묘한 분위기를 자아내고 있었다.

무리를 따라 대성당 안으로 들어갔다. 이미 대성당 안에는 사람들로 인산인해를 이루고 있었다. 뒤쪽 입구로 들어가 정면의 강단 쪽을 바라보니 강단 뒤쪽에 수직으로 길게 뻗은 몇 갈래의 스테인드글라스를 통해 햇빛이 들어오고 있었다. 대성당 내부에는 성 바츨라프를 기념하는 채플을 포함하여 여러 개의 작은 채플들이 곳곳에 흩어져 있었다. 성경의 주요 장면들을 묘사한 스테인드글라스는 밖에서 들어오는 햇빛을 받아 형형색색의 아름다운 자태를 뽐내고 있었다. 그 빛은 성스러운 신비를 발산하고 있어서 보는 이들의 신심을 자극하기에 충분했다.

한 곳에 이르니 <최후의 심판 모자이크>(The Last Judgement Mosaic) 이미지가 여행객들의 이목을 사로잡고 있었다. 이미지 아래쪽에 체코어와 영어로 되어있는 깨알 같은 설명문에는 이 이미지가 1370년에서 1371년에 보헤미아의 카를 4세와 로마 황제의 명령으로 성비투스대성당의 황금문 위 표면에 만들어진 것이라고 적혀 있었다. 영어로 된 자세한 설명을 우리말로 옮겨보면 다음과 같다.

> 모자이크의 중심에 있는 인물은 심판자 예수로서 그리스도가 최후의 만찬 가운데서 최후의 심판에 참여한다는 사실을 알려준 사도들 옆에 있다. 그리스도의 모습 왼쪽에는 무릎을 꿇고 있는 성모 마리아가 있고 그녀의 반대편에는 세례 요한이 있다. 아래쪽에

는 무덤에서 부활한 주검들로서 어떤 이들은 영원한 생명으로, 다른 이들은 영원한 고통으로 향하고 있다. 예수의 오른쪽에 있는 의인들은 천사들에 의해 하늘의 축복으로 인도받으며 그의 오른쪽에 있는 이들은 지옥으로 던져진다.

비투스대성당 내부는 그야말로 압도적이었다고 해도 과언이 아니다. 도대체 얼마나 많은 인적 물적 자원이 동원되었는지 가늠이 되지 않을 정도로 그 규모와 성스러움의 표현에 있어서 정성을 기울인 흔적이 곳곳에 배여 있었다. 당대의 모든 건축학적 기술을 사용하여 아름답고 성스러운 공간을 만들기 위한 중세 최대의 건축이었음을 짐작할 수 있었다.

비투스대성당 관람을 마치고 구왕궁으로 들어갔다. 구왕궁(Old Royal Palace)은 12세기에 보헤미아의 왕이 머물기 위해 건축된 왕궁이라 한다. 구왕궁과 관련하여 가장 인상적인 역사적 사건은 다름 아닌 '제2차 창외투척사건'[22]이다. 이 사건의 배경을 알려면 얀 후스와 관련이 있는 15세기 당시로 거슬러 올라가야 한다.

1415년 얀 후스가 콘스탄츠에서 화형을 당한 후 가톨릭의 영향력 아래에 있던 보헤미아의 군주들은 얀 후스 사망을 계기로 백성들에게 가톨릭 신앙을 강제하려 했다. 그때 후스파라 불리는, 후스의 정신을 이어받은 백성들이 이에 맞서 저항했다. 그리하여 보헤미아의 각 지역에서 가톨릭과 후스파 사이에 전쟁이 일어났고, 후스파의 뒤를 이어 타보르에서 일어난 급진 후스파 역시도 가톨릭의 십자군에 맞서 치열한 전투가 전개되었다. 급진 후스파의 강력한 저항으로 가톨릭의 십자군이 패하는 듯했지만, 결국에는 압도적인 전력 차이로 인해 후스파가 제거되었다. 당시 후스파와 가톨릭 사이의 전쟁 기간에 비투스대성당 공사가 중단되었지만 전쟁이 끝난 후에 재개되었다.[23]

비록 전쟁은 끝났지만 보헤미아 지방에서 신 구교 사이의 보이지 않는 대결은 여전히 진행되고 있었다. 1500년대 중반에 이르러 오스트리아의 합스부르크 왕가가 보헤미아를 다스리던 시절, 합스부르크의 페르디난트 2세가 보헤미아의 왕이 되려는 무렵이었다. 그는 외골수 가톨릭 교인으로 보헤미아에 남아 있던 신교를 탄압했다. 구체적으로 그는 신교에 속한 귀족들의 토지를 몰수했다. 그런데 그들의 땅은 단지 경제적 가치로만 따질 수 없는 선조의 유산이었던 관계로 토지 몰수는 신교에 속한 귀족들에게 엄청난 충격을 안겨 주었다.

그리하여 토지를 몰수당한 신교의 귀족들은 왕을 만나기 위해 구왕궁을 찾았다. 구왕궁에 도착해 보니 왕은 없고 관리들만 남아 있었다. 신교의 귀족들이 합스부르크의 관리들에게 페르디난트 2세를 찾아왔다는 말을 하고 합스부르크의 관리들이 그 말에 대답하는 과정에서 말다툼이 발생했다. 합스부르크 관리들이 신교의 귀족들의 감정을 건드리는 말을 했던 것이다. 분노한 신교의 귀족들은 합스부르크 관리들을 창문 밖으로 던져버렸다. 이를 제2차 창외투척사건이라 하며, 이 사건이 구왕궁의 귀족의회 방에서 발생했다.

이에 분개한 페르디난트 2세가 군대를 소집하여 보헤미아와 전쟁을 일으켰다. 이 전쟁은 나중에 스페인, 프랑스, 영국, 네델란드, 덴마크, 스웨덴(신교)까지 참전하는 등 확전의 양상을 띠었다. 이것이 바로 1618년에서 1648년까지 일어난 30년 전쟁이다. 정치적 군사적 무력으로 로마 가톨릭의 신앙을 강제하여 개종시키려 한 페르디난트 2세에 의해 800만 명이라는, 인류 전쟁사에서 가장 잔혹하고 사망자가 많았던 30년 전쟁의 서막이 올랐던 것이다. 30년 전쟁의 초기에는 신교가 우세했으나 백산전투(빌라 호라 전투)에서 가톨릭이 승리함으로 보헤미아에서 칼뱅파 성직자들이 추방당하거나 처형당했다.

30년 전쟁의 결과 보헤미아 지역의 개신교의 자유가 급속도로 종결되었고 개신교인들은 로마 가톨릭교회로의 개종을 강요받거나 국외로 망명하거나 추방당했다. 결국 보헤미아는 합스부르크 왕가의 지배를 받게 되었고 1918년 독립을 되찾을 때까지 300년간 합스부르크 왕가의 지배하에 놓이게 된다. 결국 30년 전쟁이 종식되면서 자연스럽게 형성된 이런 정치적 변화의 과정에서 종교의 시대가 막을 내리게 되었다.

이처럼 구왕궁에서 발생한 창외투척사건은 가톨릭과 개신교 사이의 충돌로 일어났고, 이것이 확전되어 유럽 전체가 전쟁의 소용돌이 속에 빠졌으며 오랜 세월 동안 수많은 희생이 뒤따랐다. 작은 불씨 하나가 대형 산불로 번져 엄청난 피해를 야기하듯이, 작은 감정싸움이 장외투척사건으로, 전쟁으로 이어지고, 이것이 이웃나라들을 끌어들여 유럽 전체가 전쟁의 암울한 상황 가운데 빠져 엄청난 희생으로 이어졌다는 사실은 현 시대의 우리에게도 많은 것을 생각하게 해 주었다.

[사진5] 체코에서 가장 오래된 성당으로 알려진 성이르지성당 내부
이곳에서 종종 음악회가 열린다고 한다.

구왕궁을 나와 성조지바실리카(St. George Basilica)라고도 불리는 이르지성당으로 들어갔다. 이 성당은 10세기 전후에 건축되었으며 프라하에서 가장 오래된 성당으로 유명하다. 성당 뒤쪽에 높이 솟아 있는 2개의 첨탑이 특징적이다. 1142년 화재로 인해 성당이 훼손됨으로 후에 로마네스크 양식으로 재건되었다. 14세기 후반부에 성당과 수도원의 재건축이 있었고, 후스전쟁 시기에 이곳 역시 훼손되었다가 마지막 재건 공사가 1657년에서 1680년 사이에 이루어졌고, 1718년에서 1722년 사이에 네포무츠키의 성 요한 채플이 바로크 양식 표면의 남쪽 벽에 건축되었다. 1782년에 요세프 2세의 개혁 때 수도원이 폐기되었다가 1897년에서 1908년 사이에 성당이 재건되었고 특징적인 중세 때의 외관을 되찾게 되었다.

성이르지성당은 비투스대성당과 같은 웅장함이나 화려함과는 거리가 멀다. 성당 내부는 고대의 박물관처럼 느껴지기도 하고 속세와는 거리가 먼 소박하고 순수한 신앙을 추구하는 신자들의 마음에 다가가는 보다 친 서민적 공간이라는 인상을 강하게 풍긴다. 성비투스대성당과는 비교되는 곳으로 성당의 소박한 규모와 절제된 장식이 그것을 말해주고 있다.

성당 내부는 지금도 미술관이나 콘서트로 사용되고 있다. 1000년이 넘는 역사를 자랑하는 고대의 유물과도 같은 성이르지성당에서 열리는 콘서트는 그 공간 자체가 뿜어내는 무게감으로 인해 참석자들에게 상당한 영감을 불러일으킬 것으로 보인다. 수세기에 걸쳐 각 시대마다 서로 다른 사람들이 이 공간을 드나들며 영적 소통과 영적 교제를 했다는 사실은 지금 이곳을 드나드는 사람들에게 역시 상당한 매력으로 다가가지 않을 수 없으리라.

성이르지성당(St. George's Basilica)에서 열리는 콘서트에 참석하지 못한 것이 못내 아쉬웠다. 하지만, 이곳에서 열리는 콘서트는 단순히 '음악 자체를 듣는다는 사실' 뿐만 아니라 '역사적으로 의미 있는 특정 공간에서 연주되는 음악'이 '현대적인 콘서트홀에서 듣는 음악'과 어떻게 다른 느낌으로 다가올 수 있는지를 경험하는 중요한 계기가 될 것 같았다.

프라하의 여러 예배당을 둘러보면서, '왜 우리나라의 예배당은 예배를 드리는 장소로만 인식되고 있을까?'라는 생각이 들었다. 한국교회에서는 가끔씩 음악회와 전시회가 예배당 안에서 열리기는 하지만 이것은 연중행사에 불과하고 특히 교인들을 대상으로 하는 경우가 일반적이며 교인이 아닌 이들이 예배당에서 열리는 음악회나 전시회에 오기란 쉬운 일이 아니다. 이것은 그만큼 기독교 문화가 우리 사회에 깊이 뿌리내리지 않았다는 증거다.

그렇다면, 역사적인 스토리가 담긴 건물이나 장소를 개축해서 예배당 건물로 삼고 거기서 예배와 함께 교인이 아닌 이들도 부담 없이 찾아올 수 있는 다양한 문화콘텐츠를 제공하면 어떨까?

혹은, 전통적인 인식에서 벗어나 예배당 자체를 콘서트홀로 건축하거나 미술전시관으로 건축해서 음악회나 전시회를 일상적으로 개최하는 가운데 시간이 되면 예배를 드리는 그런 장소로 만들면 어떨까?

문화라는 콘텐츠를 갖고 수행할 수 있는 다양한 논의가 한국교회 내에서 보다 진지하게 일어나면 좋겠다는 생각이 들었다.[24]

성이르지성당을 나와서 인파를 따라 조금 더 올라가니 '황금소로'라고 불리는 황금골목이 나왔다. 원래 황금골목은 프라하 성벽에서 성을 지키던 병사들이 쉴 수 있는 작은 공간들이 촘촘히 이어져 있는 곳의 골목길을 의미했다. 나중에 프라하 시가 이 작은 공간들을 저렴한 가격으로 일반인들의 거주지나 작업실로 제공하자 프라하의 수많은 노동자 계층의 사람들과 작가들이 이곳으로 몰려들었다고 한다. 체코의 대표적인 소설가 프란츠 카프카(1883-1924)도 황금소로의 한 공간에 기거하면서 소설을 썼다고 해서 후대에 더 유명한 장소가 되었다.

작은 집들이 길게 이어져 있는 작은 골목에 황금골목이란 이름이 붙여진 유래는 다음과 같다. 원래는 워낙 열악한 환경이다 보니 이곳에는 상하수도 시설이 없었다. 그래서 이곳에 살던 사람들은 배설물이나 생활하수까지도 집 앞의 골목에 버리는 것이 일상적이었다. 3-4m 정도로 폭이 좁고 경사진 작은 골목의 중간 부분이 약간 움푹하게 패여 있어서 오물이나 생활하수를 부으면 골목에 넘치지 않고 자연스럽게 아래쪽으로 흘러 내려간다. 그런데, 밤이 되면 골목길에 방수된 생활하수가 달빛을 받아 황금색으로 빛이 났다 하여 '황금골목'이란 별명을 얻게 되었다고 한다.

소설가 카프카가 이곳의 작은 집들 중 한 공간에서 작업을 했다고 하여 한껏 기대를 하고 둘러보았다. 하지만, 황금골목은 그야말로 현대인이 살 수 없을 정도로 좁고 작은 다닥다닥 붙어있는 작은 집들 앞의 좁은 골목에 불과할 따름이었다. 길고 촘촘하게 늘어서 있는 작은 집들은 마치 동화 속에 나오는 집들 마냥 성냥갑과 같았고, 각 집마다 번호가 붙어 있는 것이 인상적이었다. 여행객들은 골목을 따라 아래로 걸어가면서 촘촘히 붙어있는 작은 집들의 창문을 통하여 내부를 들여다보면서 과거의 모습을 눈에 담았다.

아래로 길게 뻗어있는 골목을 따라 내려가기 전에 집의 내부가 궁금했다. 황금골목이 시작되는 입구에 있는 집 안으로 들어가 보았다. 들어서자마자 2층으로 올라가는 계단이 있었다. 계단을 따라 올라가니 거기에는 집과 집이 이어지는 긴 복도가 있었고, 복도 양쪽으로 중세시대의 전쟁 무기들과 갑옷과 투구 등이 투명한 유리관 속에 전시되어 있었다. 복도의 좌측에 있는 벽은 성벽의 일부로서 성 바깥을 볼 수 있는 작은 구멍들이 일정한 간격을 두고 뚫려 있었다. 전쟁 중에 적군의 동향을 살피거나 적군의 공격을 막는 동시에 적을 공격하기에 좋은 것으로 보였다. 다양한 전쟁 무기들은 상대적으로 체격이 큰 서양인에게는 적합할지 모르지만 동양인에게는 적합하지 않을 것이란 생각이 들었다.

1층으로 내려와 골목길로 접어들었다. 이어져 있는 여러 집들을 지나쳐 오다가 눈에 띄는 인상적인 집이 있어 안으로 들어가 보았다. 실내에는 중세시대에 사용하던 가재도구를 비롯하여 침대와 옷가지 등 생활용품이 그대로 전시되어 있었다. 요즘 사람들이 살기에는 너무나 좁고 불편한 공간이었다. 늘어서 있는 하나하나의 집마다 나름의 특색이 있었다. 프란츠 카프카라고 쓰인 집에도 들어가 보았다. 세계적인 소설가 카프카의 흔적이 묻어 있는 공간이라는 생각에 기대를 했지만, 막상 들어가 보니 그 곳은 너무나 협소한 공간으로, 지금은 카프카의 소설을 판매하는 작은 서점이 되어 있었다.

순간적으로 뒤통수를 한 대 얻어맞은 느낌이었다. 어느 날 일어나 보니 벌레로 변해 있는 주인공이 겪는 일을 자세히 묘사함으로 인간의 실존과 부조리를 비판하는 카프카의 대표작 『변신』(*The Metamorphosis*, 1915)[25]에서 시작하여 절대적 관료주의의 상징인 성을 배경으로 펼쳐지는 상징적인 인간 존재의 정체성과 실상을 파헤치는 자신의 유고작 『성』(*The Castle*, 1926)[26]에 이르기까지 카프카의 다양한 소설들이 이렇게 협소하고 불편한 환경에서 집필되었다고 하는 사실이 믿기지 않았기 때문이다.

프란츠 카프카가 기거하던 이 공간은 왕들과 대주교들이 화려한 옷을 입고 드나들던, 거대한 위용의 성비투스대성당과는 극단적으로 대조를 이루고 있었다. 화려함으로 치장하여 본래의 기능을 제대로 감당하지 못하던 중세교회는 소경이 소경을 인도하듯 수많은 사람들을 진리와는 무관한 죽음으로 내몰았다. 반면, 당시에 세속적인 활동을 하던 사람이라 여겨지던 소설가의 작품 하나가 오히려 당대와 후대 사람들에게 진정한 위로와 평안 그리고 새로운 희망을 제공해 주었다는 사실이 하나의 아이러니가 아닐 수 없다.

사랑과 의의 실현은 공간의 규모와 화려함의 정도와는 무관하다는 사실을 확인할 수 있었다. 황금골목의 작은 집들을 둘러보면서 중세 비투스대성당이나 왕궁과는 다른 사회 하층민의 고단한 삶을 쉽게 추측할 수 있었다. 신분과 출신성분 그리고 계급구조에 따라 인간의 가치가 결정되던 중세시대의 단면을 황금골목이란 공간에서 살펴보면서, 오늘날 역시 이러한 계급구조가 우리 주변의 여러 곳에서 여러 모양으로 진행되고 있다는 사실이 떠올랐다. 그러면서 왜곡된 사회구조와 문화를 개선하는 일이 한국교회가 감당해야 할 중요한 책임 중 하나가 아닐까 생각해 보았다.

## 민주화의 산실, 바츨라프광장

황금골목을 빠져 나오면서 시계를 보니 벌써 점심때가 되었다. 시차 적응도 덜 되었고 어제 밤에 잠을 설쳤던 상태에서 오전 내내 걸었던 터라 체력이 바닥에 이르렀다는 느낌이 들었다. 하지만 아까운 시간을 그냥 흘려보낼 수는 없었다. 프라하 성을 내려와 점심식사를 한 후 다시 마음을 다잡고 바츨라프광장(Wenceslas Square)으로 발길을 옮겼다. 가이드 투어 때 제대로 둘러보지 못했던 광장을 다시 둘러보기 위해서였다.

바츨라프광장은 중세의 카를 4세 때 조성된 프라하의 신시가지에 속하는 곳으로 원래는 말을 사고파는 시장이었다고 한다. 이 광장은 서울시청 앞 광장처럼 원형이나 타원형의 광장이 아니라 길게 펼쳐져 있는 대로에 가깝다. 광장의 이름은 체코의 최초 왕가 바츨라프 왕의 이름에서 유래했으며 광장의 끝 부분에는 바츨라프 왕의 기마상이 중앙에 있고 그 주변에 성인 4명이 호위를 하고 있다. 바츨라프 기마상의 뒤쪽으로 눈을 돌리면, 건물 전면에 영어로 'SAMSUNG'이라는 광고 표시가 눈에 들어온다. 프라하에서 한국 토종 기업 삼성의 힘을 실감하는 순간이었다.

바츨라프광장은 체코 민주화의 상징적인 장소로 유명하다. 역사적으로 중요한 사건이 있을 때마다 프라하의 시민들이 그곳에 모여 집회를 가졌기 때문이다. 1918년 체코슬로바키아의 독립선언과 1968년 '프라하의 봄'으로 일컬어지는 민주화 운동이 이 광장을 가득 메운 프라하 시민들에 의해 촉발되었다. 비록 소련군의 개입으로 인해 프라하의 봄은 실패로 돌아갔지만, 당시 소련군의 무력 개입에 항거하여 스스로 목숨을 끊음으로 체코인들에게 민족 해방에 대한 자각을 불러일으킨 두 청년, 얀 팔라흐와 얀 자이츠를 기념하는 기념비가 광장 중앙에 마련되어 있었다. 기념비 앞에는 작은 꽃다발 두 개가 놓여 있었다.

오랜 세월 이웃 나라의 지배하에서도 꿋꿋이 민족의 정체성을 지키고 다시금 민족의 부흥을 꾀하려 애썼던 체코 민주화의 역사는, 외세의 침략과 군부 독재의 압제 아래 인권유린이 자행되었지만 결국 민주화를 이루어낸 우리나라의 민주화 과정과도 유사하다는 생각이 들었다. 광장에는 일꾼들에 의해 보수 공사가 진행되고 있었다. 광장 군데군데 놓여 있는 벤치에는 일광욕을 즐기는 젊은이들과 연인들이 앉아 오후의 따사로운 햇빛을 즐기고 있었다. 이러한 바츨라프광장의 평화로운 일상은 거저 주어진 것이 아니라 민주화를 위해 목숨 걸고 투쟁한 이들의 희생 위에서 비롯된 것임을 생각하면서 잠시 동안 숙연한 마음이 들었다.

얀 후스가 프라하대학의 학생으로, 교수로, 설교자로, 총장으로 활동하던 당시에도 바츨라프광장은 프라하의 명소였다. 그러므로 후스 역시 바츨라프광장을 수없이 걸었을 것이다. 그러나 14세기 후반에서 15세기 초반, 당시 후스의 눈에 비친 바츨라프광장은 소를 사고팔던 우리나라의 우(牛) 시장처럼 한낱 말을 사고팔던 말 시장에 불과했을 것이다. 얀 후스는 나중에 이 광장이 체코 역사에서 민주화의 상징적 장소가 되리라고는 전혀 예상하지 못했을 것이다.

시장은 사람들이 모이는 장소다. 광장 역시 사람들이 모이는 장소다. 세계 어디에서나 사람들이 모이는 장소에서 역사가 일어났다. 뉴욕의 타임스스퀘어 광장, 런던의 트라팔가광장, 베이징의 천안문광장을 포함하여 시청 앞 광장과 광화문 광장에서 자유와 평등과 인권을 위한 역사적 사건이 발생했다. 이처럼, 바츨라프광장 역시 체코 국민들에게 민주화의 장소로 각인되었다. 시대를 막론하고 광장은 역사가 일어나는 중요한 장소다. 오늘날 우리가 여전히 광장을 주목해야 할 이유가 바로 여기에 있다.

따뜻한 햇살을 온 몸으로 느끼면서 나는 바츨라프광장에 서 있었다. 15세기 당시 영혼을 깨우는 얀 후스의 설교를 듣고 예배당을 나온 그들은 이 광장에 모여 허위와 탐욕으로 가득한 중세 가톨릭의 타락상과 진정한 교회의 모습에 대해 밤을 새며 이야기했을 것이다. 라틴어로 진행되던 가톨릭 성당에서의 예배에서 프라하 시민들은 꿀 먹은 벙어리마냥 어떤 내용이 전달되고 있는지 몰랐다. 그러나 자신들의 모국어인 체코어로 설교하는 얀 후스의 설교를 들음으로 가슴이 뜨거워졌고 진리의 회복과 함께 민족 정체성을 회복해야겠다는 강렬한 의지를 불태웠을 것이다.

이 광장에서 그들은 그런 감격과 기쁨과 열정을 밤을 새며 노래하지 않았을까?

이런 생각은 주일마다 얀 후스가 설교하던 베들레헴채플이 바츨라프광장 가까이에 있다는 사실로 인해 상상이 아닌 확신으로 다가왔다.

# 얀 후스의 전통, 체코형제복음교단

    자리를 옮겨 체코형제복음교회 교단본부를 찾아갔다. 체코형제복음교회는 1918년 12월 루터교회와 장로교회 그리고 17-18개의 체코개혁교회가 연합해서 시작된 교단으로 연합 당시 개혁교회 교인 126,000명, 루터교회 교인 34,000명이었고 연합교회의 상징은 '성경'(형제단의 전통) 위에 놓여 있는 '성찬잔'(후스의 전통)이 되었다.[27]

    이곳을 찾아간 이유는 체코 전역에 흩어져 있는 후스의 발자취를 따라가는 여행을 하기 위해서는 체코형제복음교회의 교단본부 관계자를 만나 조언을 듣는 것이 중요하다고 생각했기 때문이다. 그런데, '가는 날이 장날'이라고 교단본부의 문이 닫혀 있었다. 토요일은 공휴일로 쉬는 날이라는 사실을 그곳에 도착해서야 알게 되었다. 아쉬운 마음을 뒤로 하고 예정된 방문 지역들을 다녀온 후에라도 다시 이곳을 찾아와야겠다고 생각하고 숙소로 돌아왔다.

    토요일 저녁, 영국에서 유학하고 있는 한 한국인 청년이 프라하에 왔다는 소식을 듣고 함께 저녁식사를 했다. 그는 지인의 아들로 잠시 휴가 기간을 맞아 영국에서 함께 공부하던 체코인 친구들과 함께 체코와 이웃나라를 방문하기 위해 프라하에 왔다. 구시가지 광장에서 그를 만나 함께 식사를 하면서 격세지감을 느꼈다. 1990년대 후반 당시 내가 영국에서 유학할 당시에는 가족과 함께 하며 공부하던 가난한 유학생에게 유럽 여행이란 언감생심 꿈도 꿀 수 없었기 때문이다.

물론 당시에도 유럽 여행을 하는 청년들이 있기는 했지만 방학을 맞아 한국에서 온 청년들이었다. 웬만한 집안의 자녀가 아닌 이상 영국에서 공부를 하면서 유럽의 여러 나라를 돌아보는 일은 흔치 않았다. 공부를 마치고 귀국하기 전 유럽의 몇 나라를 돌아보는 청년들도 있었다. 나 역시 당시에는 제대로 된 유럽 여행을 해 본 적이 없다. 물론 살인적인 물가 때문이기도 했었다. 하루라도 빨리 공부를 마치고 귀국하는 것이 경제적인 부담을 줄이기 위한 최대의 과제였기 때문이다. 그런데 요즘 유학생들은 시험기간이 끝나거나 방학 기간 동안 유럽의 여러 나라를 돌아보며 견문을 넓히는 모습이 자랑스러워 보였다. 청년은 공부와 함께 식당 아르바이트를 하면서 런던의 살인적인 물가에 맞서고 있었다. 청년과 함께 저녁식사를 하는 동안 20여 년 전 나의 유학 시절을 회상하는 기쁨을 누렸다.

숙소로 돌아온 나는 구글을 검색했다. 내일이 주일이어서 숙소 근처에 있는 현지인교회를 찾기 위해서였다. 검색된 교회의 목록 가운데 살바또르개혁교회가 눈에 들어왔다. 이 교회는 체코의 역사와 함께해 온 유명한 교회라는 사실을 알 수 있었다. 1600년대에 독일의 고딕 르네상스 건축양식으로 건축된 체코의 독일인들이 다니는 개혁교회로 사용되었고, 그 후 교회의 공간이 여러 가지 다른 용도로 사용되는 등 부침을 겪다가 1861년 프로테스탄트칙령이 발표된 후에는 루터교회가 사용했다. 1918년에 이르러 체코의 루터교회와 개혁교회들이 체코형제복음교회로 통합된 뒤 교단의 중심 교회가 되었고, 1970년대에 예배당이 수리되어 현재의 모습을 유지하고 있다.[28] 내일 주일예배에 참석할 예배당에 대한 검색을 마친 후 잠자리에 들었다.

## 체코형제복음교단의 중심, 살바또르개혁교회

눈을 뜨니 새벽 3시였다. 시차적응이 아직 덜 된 것을 느끼면서 다시 잠자리에 들었다. 이리저리 뒤척이다가 정신이 들어 시간을 확인해 보니 오전 7시 30분이었다. 어제 아침보다는 한결 몸을 움직이기가 쉬웠다. 씻고 숙소에 있는 지하 1층 식당으로 내려갔다. 이미 두 커플이 자리에 앉아 식사를 하고 있었다. 주방에 서 있는 직원과 인사를 한 뒤 뷔페식 테이블에서 몇 종류의 빵과 잼, 마가린과 치즈, 토마토와 오이와 피망 같은 야채를 접시에 담고, 수제 요구르트를 다른 접시에 담아 흰색 천이 덮인 테이블에 자리를 잡고 앉았다. 주방에서는 익숙한 팝송이 흘러나오고 있었다. 비치 보이스(Beach Voice)가 부르는 서핀 유에스에이(Surfin' USA)였다. 이곳 체코도 미국 문화의 영향을 상당히 받고 있음을 느낄 수 있었다. 달콤한 케이크와 커피로 식사를 마무리하고 방에 올라가 준비를 한 뒤 살바또르교회를 향했다.

핸드폰에 있는 구글맵을 켰다. 숙소에서 멀지 않은 곳이지만 스스로 길눈이 어두운 '길치'임을 잘 알고 있어서 구글맵의 도움을 받아야 했다. 금방 도착해서 예배당 입구에 들어섰다. 밝은 표정의 할머니 한 분과 양복을 입고 넥타이를 매지 않은 중년 남성 한 명이 안내위원으로 교우들을 영접하고 있었다. 예배가 몇시에 시작되는지 물어봤더니 5분 후에 시작된다고 알려주었다. 제대로 시간에 맞춰 도착한 것이다. 예배당 입구에 성경 찬송이 놓여 있었지만 체코어를 몰라서 그대로 들어갔다. 자리에 앉아 잠시 기도를 한 후 주위를 둘러보니 50여 명의 교인들이 예배당 이곳저곳에 앉아 있었다. 주로 노인들이었지만 간혹 젊은이들도 눈에 띠었다. 대부분 체코인들로 보였고 여행객으로 보이는 사람은 볼 수 없었다.

예배당 내부를 눈으로 둘러보았다. 화려한 장식은 없었지만 건물 자체는 프라하에 있는 여느 성당과 다를 바 없었다. 예배당 내부의 층고(層高)가 높아서 소리의 울림이 좋게 느껴졌다. 가톨릭 성당과는 달리, 예배당 전면의 벽과 내부의 기둥과 벽면에 화려한 장식을 발견할 수 없었다. 매끈하고 간결한 느낌을 주는 대리석만 눈에 들어왔다. 강대상 뒤쪽 벽에는 대형 십자가가 달려 있었다. 소박한 꽃이 꽂혀 있는 꽃병 하나가 강대상 장식의 전부였다. 예배당 천정에는 약간의 장식이 그려져 있었다. 자세히 보니 화려한 장식이 아니라 라틴어 글자와 단순하게 그려진 성화였다.

예배당 천정에는 예수 그리스도의 성화가 그려져 있고, 그 양편에 사도행전 4장 12절 말씀, "NON ENIM EST IN ALIO ALIQVO SALVS"(다른 이로서는 구원을 얻을 수 없나니)이라는 문장과 "SACRVM DNONRO SALVATORI TOTIVS MVNDI IE SV CHRO"(우리의 주, 세상의 구원자, 그리스도께 드립니다)라는 문장과 함께, 이사야 49장 23절 말씀, "REGES ERVNT NVTRICII TVI: ESAIAE XLIX"(왕들은 네 양부가 되며)도 함께 새겨져 있었다. 예배당 뒤쪽 위에는 파이프오르간이 그 위용을 자랑하고 있었다. 오르간 위의 천정에도 성화가 그려져 있었다. 전반적으로 예배당 내부를 각종 성상들과 성화들로 장식해 놓은 가톨릭 성당과는 달리 단순한 분위기를 느낄 수 있었다.

  오전 9시 30분, 예배가 시작되었다. 파이프오르간의 반주가 시작되자 모든 회중이 자리에서 일어섰다. 오르간의 반주에 맞추어 목회자와 기도자가 예배당 중앙의 통로로 입장했다. 기도자로 보이는 그는 조금 전 입구에서 안내를 하던 넥타이를 매지 않은 양복 차림의 중년 남성이었다. 키가 큰 설교자는 목 아래쪽에 두 개의 흰 날개가 달려 있는 성직자 예복을 입고 있었다. 두 사람은 회중이 서 있는 가운데 예배당 입구에서 앞으로 걸어가 중앙 단상의 왼쪽 자리에 앉았다. 예배당 정 중앙에 놓여 있는 단상은 소박하고 꾸밈이 없는 작은 단상이었다. 설교자는 그 단상에서 예배를 인도했다. 반주가 끝나고 다같이 찬송을 불렀다. 비록 찬송가 가사가 어떤 내용인지 알 수는 없었지만, 회중의 찬송 소리가 예배당 전체에 울려 퍼질 때는 말로 표현하지 못할 정도의 깊은 울림으로 다가왔다.

  층고가 높은 예배당에서 부르는 찬송 소리는 확실히 층고가 낮은 일반적인 개신교 예배당에서 부르는 찬송 소리와는 다르게 들렸다. 공간의 규모와 시설에 따라 소리의 울림이 영향을 받기 때문이다. 높은 곳에 있는 예배당 천정이 소리의 울림을 발생시킴으로 회중의 찬송 소리는 그 자체로 영감 넘치는 찬양대의 찬송 소리처럼 영혼을 파고들어 내면 깊숙이 다가왔다. 예배당 공간을 어떤 재질과 시설로 어떻게 건축하는가에 따라 거기서 나는 소리가 영향을 받는다는 것을 확인할 수 있었다. 그런 점에서 단순히 실용적인 차원에서만이 아니라 공간 자체가 회중에게 던지는 메시지 등 여러 사항을 고려하면 예배당 건축은 다양한 측면을 염두에 두어야 할 것이란 생각이 들었다.

대표기도가 끝난 후 설교자는 왼편의 약간 높은 곳에 설치되어 있는 설교단으로 이동했다. 캔터베리대성당이나 런던의 회중교회에서도 설교자가 예배당 앞의 왼쪽 위에 설치되어 있는 설교단에서 설교하는 모습을 본 적이 있다. 하지만, 오랫동안 한국교회의 설교단에 익숙해져 있어서 그런지 이런 설교단은 확실히 독특하게 느껴졌다. 대표기도가 끝나고 곧바로 찬양대의 찬양이 이어지는 예배순서에 익숙해져 있어서인지 순간적으로 찬양대가 보이지 않는다는 사실이 생소하게 느껴졌다.

설교자는 평범하지 않은 외모를 하고 있었다. 족히 190cm는 되어 보이는 큰 키에 검은색의 뿔테안경에다 긴 머리카락을 뒤로 묶은 모습이었기 때문이다. 그는 흰색 날개깃 두 개를 목에서 양쪽으로 늘어뜨린 검은색의 성직자 가운을 입고 있었는데, 이런 예복은 체코복음형제교회의 공식적인 예복인 듯 보였다. 설교자의 평범하지 않은 모습과는 달리 회중석에 앉아 있는 이들은 정장 차림보다는 수수한 평상복 차림을 한 이들이 많아 보였다.

설교단이 높은 곳에 위치하고 있어서 예배당 앞쪽에 앉아 있는 회중들은 고개를 높이 들고 설교자를 응시해야 했다. 설교를 경청하기에 불편을 느낄 수 있겠다는 생각이 들 정도였다. 나는 예배당 뒤쪽에 앉아 있었던 터라 약간만 고개를 들어도 충분히 설교자를 주시할 수 있었다. 간혹 성경구절을 인용하는 부분에서는 그 내용을 추측할 수 있었지만, 체코어로 진행된 설교여서 구체적인 내용은 알 수 없었다. 하지만 설교자의 목소리와 얼굴과 태도에서 묻어나오는 느낌과 회중들의 경청 태도를 통해서 전반적인 분위기를 느낄 수 있었다.

설교자는 원고와 회중을 번갈아 주시하면서 설교를 했다. 설교 시간

내내 대부분의 회중들은 흐트러진 모습 없이 집중해서 설교를 경청하고 있었다. 비록 설교자와 회중 사이에 역동적인 교류가 일어나고 있다는 느낌이 들지는 않았지만 조용한 가운데 전달되는 진리의 말씀이 촉촉이 회중들의 마음에 스며들고 있음을 알 수 있었다. 그렇게 설교는 약 23분간 계속되었다.

생각보다 빨리 설교가 끝났다. 설교자가 단상 아래로 내려오는 동안 오르간 반주가 흘러나왔다. 자연스럽게 회중이 함께 찬송을 불렀다. 한 중년 여성이 예배당 중앙에 있는 단상으로 나아가서 짧게 무언가를 말했다. 광고를 하는 것 같았다. 이어서 젊은 남성이 앞으로 나아가 짧은 원고를 읽었다. 그 후에 다함께 일어선 가운데 설교자가 대표로 기도했다. 잠시 침묵의 시간을 가진 후 다함께 주기도문인지 사도신경인지를 암송했다. 마지막으로 설교자의 축도로 예배가 끝났다.

10시 30분, 정확히 1시간 만에 예배를 마쳤다. 다함께 찬송을 부르는 가운데 설교자가 중앙 단상에서 뒤쪽의 예배당 입구 쪽으로 걸어나갔다. 그러자 예배자들도 하나둘 뒤쪽의 예배당 입구 쪽으로 걸어가서 설교자와 인사한 후에 예배당 밖으로 나갔다. 어떤 이들은 설교자와 길게 담소를 나누기도 했다. 나는 잠시 동안 강대강과 예배당 내부의 사진을 찍은 후 입구로 가서 설교자와 인사를 나누었다. 내 소개를 했지만 아쉽게도 그는 영어를 할 줄 몰랐다. 입구에 있는 헌금 바구니에 헌금을 한 후 체코어로 된 몇 가지 리플릿을 집어 들고 예배당을 빠져나와야 했다. 게시판에는 예배당에서 개최되는 클래식 콘서트와 관련된 포스터가 붙어있었다. 살바또르교회 역시 프라하의 여느 성당들처럼 주중에도 클래식 콘서트 공간으로 사용되고 있었다.

전혀 알지 못하는 언어로 드리는 예배 경험이었지만, 익히 아는 언어로 드렸던 그 어떤 예배보다도 영감 넘치는 예배였다.

그동안 언어 중심의 예배, 이해 중심의 예배, 이성적 판단과 사고 중심의 예배에 익숙해져 있던 내게 살바또르교회에서의 예배는 신선한 감동으로 다가왔다. 언어를 통한 은혜를 넘어서는 새로운 차원의 은혜가 가능하다는 사실을 살바또르교회의 예배를 통해서 느낄 수 있었던 것이다. 가톨릭의 대표적인 성당들이 즐비하게 늘어서 있는 프라하, 그 틈바구니 속에서도 얀 후스와 루터와 칼뱅으로 이어지는 종교개혁의 정신을 기반으로 하여 초심을 잃지 않고 묵묵히 진리를 향해 걸어가는 살바또르교회의 모습이 귀하게 보였다.

## 얀 후스의 사역지, 베들레헴채플

오전에 계속 걸어 다녀서 그런지 점심식사 후 숙소로 돌아와 자연스레 침대에 누웠다. 잠시 휴식을 취한 뒤 숙소 근처에 있는 베들레헴채플로 향했다. 이 채플은 얀 후스가 1402년부터 1412년까지 약 10년 동안 설교자로 봉사했던 교회로 알려져 있다. 원래 베들레헴채플은 1391년에 건축이 시작되어 1394년에 완성되었는데, 당시 보헤미아의 왕 바츨라프 4세의 독일인 궁정기사 밀하임의 얀이 건축비를 담당하고 프라하 시의원이자 상인이었던 바츨라프 크쥐즈가 땅을 기부했다고 한다.[29]

이 채플은 학생들과 제자들에게 헌정되었던 관계로 자연스럽게 카를(프라하)대학에 속하게 되었고, 교구 교회에 속하지 않아서 목회자는 교구의 눈치를 보지 않고 오직 설교에만 집중할 수 있었다. 카를대학에 의해 추천을 받은 얀 후스는 베들레헴채플의 설교자로 임명을 받았다. 이곳에서 후스는 로마 가톨릭의 잘못된 교리를 지적하고 참 신앙을 전파함으로 프라하 시민들에게 다가갔으며 이는 종교개혁의 불길이 타오르는 계기가 되었다.

베들레헴채플에서 사역하면서 얀 후스는 영국의 종교개혁자 존 위클리프의 영향을 받아 교황의 절대권, 미사, 연옥제도, 사자(死者)를 위한 기도 등을 반대하고 성경이 신앙과 생활의 유일한 권위임을 전파했다. 특히 여기서 후스는 당시에 일반 서민들이 모르던 라틴어로 예배를 드리던 가톨릭 예배에서 벗어나 체코어로 설교함으로써 모든 시민들이 하나님의 말씀을 직접 이해하고 이를 실천하는 계기를 마련했다. 후스의 설교는 신분을 가리지 않고 참 진리를 추구하는 많은 이들에게 상당한 영향을 끼쳤다. 왕실 귀족과 봉건 영주들로부터 평민과 창녀들을 포함한 하류층에 이르기까지 다양한 계층의 백성들이 그의 설교를 듣기 위해 몰려들었다고 한다.[30] 그러기에 베들레헴채플은 얀 후스가 마음껏 하나님의 말씀을 전할 수 있는 중요한 장소가 아닐 수 없었다.

구글맵의 도움을 받아 채플 입구에 도착했다. 채플의 규모가 작지는 않았지만 프라하의 여느 예배당들과는 달리 살구색으로 도색되어 있는 채플의 외관은 단순한 모양을 하고 있었다. 채플 입구를 가리키는 표지판이 눈에 들어왔다. 채플의 입구 문에는 안내문이 붙어 있었다. 문의 손잡이를 잡고 밀었다. 두툼한 두께의 나무로 만들어진 문이어서 그런지 다소 육중한 느낌이 들었다. 들어가니 매표소에는 할머니 두 분이 자리를 지키고 있었다. 티켓을 구입한 후 할머니 한분의 안내를 따라 1층 예배실로 갔다. 할머니는 코팅 처리가 된 한국어 설명문을 건네주면서 채플 탐방과 관련하여 간단한 설명을 해 주었다.

나는 예배실 1층 내부의 의자에 앉아 설명문을 읽어보았다. 설명문에는 베들레헴채플이 건축된 때로부터 현재까지의 채플 역사에 관한 내용을 담고 있었다. 특히 설명문에는 얀 후스가 이 채플에서 설교했던 사실도 적혀 있었다. 베들레헴채플은 후스의 순교 이후 재가톨릭화

시기에 가톨릭에 몰수되어 도미니크 수도회의 재산이 되었다가 나중에 예수회에 팔렸는데, 그 시기 동안에 채플에 남아 있던 후스의 흔적이 지워졌다고 한다. 채플의 현재 모습은 체코에 종교의 자유가 주어진 후 1950-1954년에 체코 정부가 원래의 형태로 재건했다는 내용도 있었다.

[사진6] 베들레헴채플의 강대상 전면
강대상 중앙의 높은 곳에 설교단이 위치해 있다.

회중석에 앉아 예배당 내부를 둘러보았다. 앞쪽을 보니 작은 크기의 중앙 단상이 있고 그 왼편 위쪽에 긴 단상이 있었다. 긴 단상 아래에는 오르간과 피아노가 놓여 있었다. 중앙 단상은 예배 인도자와 기도자가 서는 자리인 듯했고, 왼편 위쪽에 있는 긴 단상은 설교자의 단상인 듯 보였다. 그런데 자세히 보니 왼편 위쪽에 있는 긴 단상에는 방송장비가 놓여 있었다.[31]

잠시 동안 설교단에서 얀 후스가 하나님의 말씀을 전하던 모습을 상상해 보았다. 그는 교황을 정점으로 하는 서슬 퍼런 중세 가톨릭의 권위에 맞서 '오직 믿음'만을 외치면서 중세교회 가르침의 허구를 적나라하게 드러낸 용기 있는 설교자였다. 체코어로 전해진 후스의 설교는 그 자체로 회중석에 앉아 있던 다양한 계층의 회중들에게 상당한 의미로 다가갔을 것이다. 오랜 세월 라틴어로 예배가 진행되었고 설교 역시 일반인들이 알아듣지 못하는 상태에서 예배 시간에 답답한 마음을 가눌 길이 없었을 것이다.

당시의 이런 배경에서 얀 후스의 설교는 회중들에게 이웃나라의 지배하에 있었던 체코의 역사를 되새기게 해 주었고(당시에도 독일의 영향력하에 있었다), 민족적 정체성과 민족정신을 새롭게 고취하는 계기가 되었을 것이다. 게다가 이종(二種)성찬, 즉 성직자가 아닌 일반 신도들도 성찬식에서 떡과 잔을 함께 받으면서 진정 성찬식의 주인은 교황이 아니라 예수 그리스도라는 사실을 기억하게 해 주었다. 예배에서의 이런 파격적인 시도는 회중들에게 새로운 예배의 감각을 제공해 주었을 것이다. 잠시 동안 이런 묵상을 하면서 나는 600년 전 이 채플에서 하나님의 진리를 선포하고 그 진리에 감격하여 함께 찬양하던 수많은 믿음의 선진들과 연결되어 있음을 느낄 수 있었다.

화려한 성상들과 장식으로 치장한 주변의 성당들과는 달리 살바또르교회가 단순한 형태를 띠었던 것처럼 베들레헴채플 역시 단순한 형태의 건물로 건축되어 있었다. 하지만 베들레헴채플은 오전에 예배를 드렸던 살바또르교회와는 여러모로 대조적이었다. 살바또르교회가 예배당 내부의 층고가 주변의 성당들처럼 매우 높은 반면, 베들레헴채플은 내부 층고가 그리 높지 않은 현대교회의 모습을 그대로 띠고 있었다. 초기에는 3,000명을 수용할 수 있는 규모였다고 하지만 지금 채플 내부의 의자를 눈대중으로 살펴보니 약 1,000석 정도 되는 것 같았다.

예배당 사면의 벽에는 모두 그림이 그려져 있었다. 전면의 벽에는 설교자가 말씀을 전하고 회중이 설교를 경청하는 모습의 그림이었다. 양쪽 벽에는 교황과 왕이 권위를 상징하는 모자와 왕관을 쓰고 높은 자리에 서 있는 반면 그 아래에는 백성들이 서 있는 모습과 여러 사람들이 보는 가운데 후스가 나무에 묶여 화형을 당하는 장면의 그림도 있었다.

또한 예배당 뒷면의 벽에는 후스파와 로마 가톨릭의 십자군 사이에 말을 타고 갑옷을 입은 채 창을 들고 격렬하게 전투를 하는 그림이 그려져 있었다. 게다가 각 그림의 아래쪽과 옆쪽에는 후스 당시에 회중들이 함께 불렀던 찬송가 악보도 그려져 있었다. 이런 모습은 1950년에서 1954년까지 채플의 재건축 때 원래의 모습에 추가되었다고 한다.

현대교회의 예배당 건물 모습과 유사한 베들레헴채플은 고딕 양식에서 시작하여 바로크 양식과 로코코 양식과 같은 화려한 건축양식과 각종 성상들과 장식들로 가득한 중세의 성당들과는 풍겨지는 느낌과 이미지가 완전히 달랐다. 강대상과 회중석과 악기 등 모든 면에서 화려함을 배제한 채 단순하고 소박한 특징을 보여주고 있으며, 하나님의 말씀을 예배의 중심으로 여기는 개혁교회의 이상이 건물 내부에 반영되어 있었다. 예배당 우측에는 원래부터 있던 10m 깊이의 우물이 그대로 보존되어 있고, 얀 후스가 말씀을 전하는 모습이 새겨진 종이 투명한 유리함에 보관되어 있었다. 처음에 채플의 건축을 위해 기증 받은 토지가 건물을 짓기에 충분하지 않았던 관계로 근처의 공동묘지였던 자리와 공동우물로 사용하던 자리가 있는 공유지를 더 구입해서 건축을 함으로 우물이 그대로 보존되어 있다고 한다.[32]

좁은 나무계단을 따라 2층으로 올라갔다. 중앙의 작은 홀을 중심으로 왼편과 오른편에 작은 방이 나란히 있고 후스와 관련된 역사자료가 전시되어 있었다. 후스의 탄생부터 여러 지역을 거쳐 순교하기까지의 과정에 대한 설명을 사진들과 함께 체코어와 영어로 병기해 놓았다. 그 중 한 해설에는 다음과 같이 기록되어 있었다.

> 후스가 "교회론"(About the Church)이란 논문을 포함하여 자기 저술의 대부분을 썼던 기간은 1410년에서 1414년까지였다. 이 책에서 그는 (위클리프의 견해와 일치하여) 교회를 구원을 위해 예정된 모든 그리스도인들과 연합한 신비로운 성체로 보았다. 면죄부 판매에 대한 비판으로 인해 그는 프라하를 떠나야 했고, 베들레헴채플이 공격의 목표가 되게 했던 가톨릭의 교회제도를 탐탁지 않게 여기며 왕으로부터 멀어졌다. 그는 로마제국 내의 유명한 도시들 중 한 곳인 콘스탄츠로 소환되었던 공의회에 자신의 모든 소망을 두었다…
> 
> 하나는 양들의 교회이며 다른 하나는 염소들의 교회이고, 하나는 성도들의 교회이며 다른 하나는 타락한 자들의 교회이다.

비록 작은 규모이기는 하지만 얀 후스와 관련된 자료를 전시해 놓은 박물관은 얀 후스 일생의 전체 개요를 이해하는 데 상당한 도움이 되었다.[33] 채플의 정문을 열고 밖으로 나오는 길에 맞은편 건물의 벽에 검은색의 얼굴 조각상이 있었다. 가까이 가 보니 나무 소재로 된 것이지만 불에 타서 검은색의 숯이 되어 버린 후스의 얼굴 조각상이었다. 화형당한 후스의 모습을 숯으로 묘사한 것임을 직감적으로 알 수 있었다. 입술을 굳게 다문 채 눈을 지그시 감고 있는 그 얼굴 모습은 그렇게 불에 타서 검은색으로 변해 있었다.

나무 조각상 아래에는 "다니엘 폴. 얀 후스 2011"(Daniel Paul. Jan Hus 2011)이라는 글씨가 쓰여 있었다. 그것은 다니엘 폴이라는 작가가 2011년에 후스를 기념하여 만든 작품이었다. 참 진리를 외치다가 화형에 처해져 검은 숯이 되어 버린 후스의 모습은 보는 이의 옷깃을 여미게 했다. 그러나 프라하의 명소로 알려진 카를교와 프라하 성을 방문하는 수많은 사람들의 모습과는 대조적으로 단지 소수의 사람들만이 베들레헴채플을 찾고 있었다.

## 체코 현악 체임버 앙상블 콘서트

 오후에 잠시 숙소에 들렀을 때 리셉션에 앉아 있던 직원이 말을 걸어왔다.
 "오늘 저녁에 좋은 콘서트가 있는데 가 보지 않을래요?"
 "어떤 콘서트인가요?"
 "이거요."
 하면서 건네주는 리플릿을 보니 체코의 현악 체임버 앙상블 연주회였다. 실내악의 권위자들이 하는 연주라면서 원래 티켓 가격이 600코루나인데 숙소에서 판매하는 티켓은 400코루나에 구입할 수 있단다. 특히 콘서트 장소인 성가일교회(St. Giles Church)는 도미니칸 수도회에 소속된 교회로 프라하에서 가장 큰 클래식 오르간이 있으며 콘서트에서 오르간 연주도 동시에 진행된다고 했다. 사실 하루 종일 너무 걸어 다녔던 관계로 피곤하긴 했지만 오랜만에 싼 가격에 좋은 클래식 음악을 감상할 수 있는 기회를 놓치고 싶지 않아 티켓을 구입했다.
 특히 이번 여행의 중심 인물인 얀 후스는 그가 설교했던 베들레헴채플에서 교우들에게 찬송을 가르쳤고, 예배 시간에 체코의 대중 찬송을 정기적으로 사용했으며, 몇 개의 체코 영가를 직접 작사한 것으로 알려져 있다.34 이처럼 후스가 음악에 상당한 조예가 있었고 영가 작사가로도 유명했던 터라 그의 음악적 소양의 배경이 되는 체코 음악을 직접 경험해 보고 싶었다. 인터넷을 검색해 보니 성가일교회는 1984년 밀로스 포만 감독이 만든 영화 <아마데우스>의 촬영지로도 유명한 곳이었다.

저녁식사 후 8시가 되기를 기다렸다. 시간이 되어 성가일교회가 위치한 후소바 거리(Husova St.)를 찾아갔다. 예배당에 도착해서 입구를 보니 이미 사람들이 예배당 안으로 들어가고 있었다. 입구를 통과해 안으로 들어가니 정면에 유리로 된 창이 있고 창 안쪽으로 보이는 예배당 앞쪽에는 저녁미사가 진행 중이었다. 이미 여러 사람들이 예배당 뒤쪽에 서서 미사가 끝나기를 기다리고 있었다. 약 10분 후에 미사가 끝났다. 곧바로 한 직원이 콘서트에 온 사람들을 예배당의 앞자리부터 앉도록 인도해 주었다. 앞자리에 앉아 주변을 둘러보니 볼 빨간 청소년들로부터 백발의 노인들에 이르기까지 다양한 연령층의 사람들이 함께 자리하고 있었다.

여든도 넘어 보이는 노령의 신부 한 분이 나와서 콘서트에 관한 간단한 소개와 인사를 하고 들어갔다. 한 젊은 바이올린 연주자의 연주를 시작으로 콘서트가 시작되었다. 그는 시작부터 능숙한 연주 솜씨로 단번에 청중을 압도했다. 한 곡의 연주가 끝나자 이어서 다른 세 명의 연주자가 합류해서 제대로 된 앙상블 연주가 본격적으로 시작되었다.

청중들의 시선은 처음에 독주한 제1 바이올린 연주자와 제2 바이올린 연주자, 비올라 연주자와 여성 콘트라베이스 연주자, 이렇게 네 명의 손가락의 움직임을 번갈아 따라가기에 바빴다. 젊은 연주자들이어서 그런지 제1 바이올린 연주자와 비올라 연주자의 연주는 기교와 힘이 넘쳤다. 반면, 노년으로 보이는 제2 바이올린 연주자와 콘트라베이스 연주자의 연주에서는 연륜이 묻어나는 풍성한 울림이 느껴졌다. 세 명의 연주자들은 모두 보면대에 놓인 악보를 보면서 연주하고 있었지만, 제1 바이올린 연주자 앞에는 보면대 자체가 아예 없었다. 이미 모든 곡을 암기한 상태에서 원곡과 악기와 자신이 하나가 되어 완벽하게 자유로운 모습으로 연주하는 듯 보였다.

귀로는 울려 퍼지는 앙상블의 소리를 담고, 눈으로는 빠르게 움직이는 연주자들의 손가락을 따라가면서, 청중들은 모두 숨을 죽인 채 네 명의 연주자가 호흡을 맞추어 펼치는 앙상블 연주를 넋이 나간 듯 멍하니 바라보고 있었다. 이들의 연주는 처음에는 청중의 시선을 사로잡더니 그 다음에는 청중의 마음을, 그리고 결국에는 청중의 영혼까지 사로잡아 버렸다.

연주가 계속될수록 점점 더 천상에 와 있는 듯한 착각 속으로 빠져들었다. 파가니니의 곡을 비롯해서 바하의 토카타, 비발디의 사계 중 봄과 가을, 모짜르트와 드보르작의 곡이 차례대로 연주되었고, 이어서 슈베르트의 아베마리아와 드보르작의 연주곡 등 귀에 익은 대중적인 곡들이 예배당 전체에 울려 퍼졌다가 청중들의 가슴 속에 깊이 파고들었다.

이전에도 클래식 콘서트에 가 본 적이 있지만 이렇게 가까이에서 연주하는 연주자들의 모습을 본 적은 없었다. 네 명의 연주자들 각각의 얼굴 표정과 손가락 놀림, 그리고 서로 호흡을 맞추어 연주를 전개해 나가는 모습은 그 자체로 새로운 감동으로 다가왔다. 예배당 전체에 장엄하게 울려 퍼지는 파이프오르간 소리 역시 색다른 감동을 선사했다. 바로 눈앞에서 수준급 연주자들이 연주하는 생생한 연주를 경험하는 것은 평소에 FM 라디오나 음반으로 듣던 클래식 음악과는 완전히 다른 압도적인 경험이었다.

아름다운 선율로 눈앞에서 펼쳐진 클래식의 향연은 내게 말로 표현할 수 없는 감동을 불러일으켰고 영적 감흥을 선사했다. 한 시간 동안 나는 자신의 존재 자체를 완전히 잊어버리고 흘러나오는 선율에 내 몸과 마음을 온전히 맡겨버렸다. 신학 다음으로 하나님이 인간에게 주신 가장 큰 선물이 음악이라고 말한 종교개혁자 마틴 루터의 말이 빈 말이 아님을 확실하게 확인하는 순간이었다. 숙소로 돌아오는 길에 그리고 잠자리에 들어서도 그 흥분과 감동의 여운은 가시지 않았다.

> 우리에게 주어진 도전은 이 순간을 충분히 경험하는 것입니다. 물론 쉬운 도전은 아닙니다. 미래에 대한 기대로 지금 이 순간의 가능성을 놓치지 않는 것…미래의 기대로부터 자유로울 때 지금 이 순간 일어나는 이 신성한 공간에서 살아갈 수 있습니다.[35]

이처럼 『인생수업』은 오로지 미래의 성공과 행복을 위해 현재를 희생하는 현대인의 어리석음과 끝없는 욕망을 예리하게 폭로하고 있다. 주어진 현재, 주어진 순간순간이 모여서 결국 미래가 된다는 사실을 깨닫는다면, 더 이상 현재는 미래를 위해 존재하는 것이 아니라 현재 자체가 곧 미래의 일부라 할 수 있다. 그런 점에서 현재를 누리고 현재에 행복한 사람이 곧 밝은 미래를 맞이할 수 있다는 것이다. 일중독 시대를 살아가는 현대인에게 '현재'를 누리며 살아가라는 귀중한 교훈이 아닐 수 없다. 눈앞에서 펼쳐진 클래식 음악의 향연은 분명 잡다한 현실 여건을 잊어버리고 '현재'에 몰입한 소중한 시간이었다.

## 타보르 가는 길

　시끄러운 소리에 잠을 깼다. 시계를 보니 오늘도 새벽 3시. 이불을 뒤척이다가 다시 잠을 청했다. 잠깐 잠든 것 같았는데 깨어보니 아침 7시 20분. 정신을 차린 후 호텔 지하 식당에 갔다. 프라하에서 맞이하는 4일째 아침. 새로운 먹을거리는 없었지만 오늘부터 자동차 운전을 해야 하는 관계로 배를 든든히 채워야 했다.

　빵과 야채를 그릇에 담다가 며칠 전 가이드 투어에 함께 참가했던 한 사람을 만났다. 40대 중후반으로 보이는 그는 혼자 프라하에 왔다가 오늘 귀국할 것이라 했다. 여기 와서 며칠 동안 푹 쉬었다가 돌아간다고 말했다. 그가 왜 혼자서 이 먼 곳에 왔는지 그리고 며칠 동안 무슨 일로 시간을 보냈는지 알 수는 없었지만 그는 다시 활력을 되찾은 것 같아 보였다. 귀국해서 이전보다 더 밝은 나날을 맞이하기를 바라면서 서로 작별인사를 했다.

　아침식사를 마치고 방으로 올라가 짐 정리를 했다. 4일간 묵었던 방이어서 그런가 살짝 정이 든 공간처럼 느껴졌다. 여행 일정에 맞춰 숙소를 떠나는 것이지만 짐을 챙기면서 약간의 아쉬움이 들었다. 백팩을 짊어지고 캐리어를 챙겨서 1층으로 내려와 체크아웃을 했다. 영수증을 받아 보니 그리 큰 차이는 없었지만, 한국에서 예약할 때 적혀 있던 비용보다 약간 더 많은 비용이 적혀 있었다. 환율 변동 때문인가 생각하고 비용을 지불한 후 호텔을 나왔다.

지난 4일 동안 정들었던(?) 호텔 문을 열고 나왔다. 부슬부슬 비가 내리고 있었다. 구글맵의 안내를 받아 캐리어를 끌고 렌터카 대여 장소인 그랜디오르호텔(Hotel Grandoir)로 향했다. 구시가지 광장으로 나오니 캐리어 끄는 소리가 유난히도 크게 들렸다. 구글맵이 이끄는 대로 화약탑을 거쳐 시민회관 앞 도로를 건넌 후 한참을 걸어 올라갔다. 오전 시간이었지만 이미 많은 사람들이 거리를 오가고 있었다. 트램과 차량들이 복잡하게 뒤섞인 가운데서도 전혀 당황하지 않고 행인들은 바쁘게 제 갈 길을 걸어가고 있었다. 드디어 호텔 입구에 도착했다. 그랜디오르호텔은 앞서 묵었던 곳보다 훨씬 고급 호텔이었다. 문을 열고 호텔 로비에 가서 직원에서 물었다.

"렌터카를 찾으러 왔는데 어디로 가면 되나요?"

"저쪽에 있는 에스컬레이터를 통해 2층으로 올라가면 됩니다."

직원이 가리키는 곳을 바라보니 에스컬레이터가 있었다. 2층으로 올라가니 다른 직원이 친절하게 렌터카 데스크가 있는 곳으로 안내해 주었다. 그린모션(Green Motion)이라는 렌터카 업체였다. 데스크에 앉아 있던 렌터카 직원에게 한국에서 예약한 바우처를 보여주었다. 그가 네비게이션 사용 여부를 물어봐서 사용하겠다고 대답했다. 차 렌트비는 예약 시에 이미 결재되었고 네비게이션 비용 68유로만 계산하면 된다고 안내해 주었다. 데스크 직원은 한국에서 예약했던 자동차 보험보다 더 많은 보장이 되는 보험을 소개해 주었다. 그러나 나는 원래 예약한 대로 기본 보험으로 족하다고 대답했다.

한 가지 중요한 사항은 렌터카를 반납할 때까지 750유로를 렌터카 회사에 맡겨놓아야 하는 것이었다. 물론 이 또한 한국에서 렌터카 예약을 할 때 확인했던 것이어서 당황하지는 않았다. 렌터카를 반납한 후에 맡겨놓은 예치금은 자동적으로 반환되는 것이었다. 렌터카 대여계약과 관련된 서류 점검이 끝나자 그는 내게 영수증을 주었다. 나는 그 직원과 함께 호텔 지하의 주차장으로 내려갔다.

렌터카 직원은 주차장 구석진 곳에 있던 렌터카에 올라 시동을 걸고 밝은 곳으로 이동한 후 자동차 상태를 확인시켜 주었다. 차종은 체코산 스코다파비아 소형차로 자동기어가 장착된 렌터카였다. 그는 앞 범퍼 우측에 부분적으로 스크래치가 난 것을 확인시켜 주었다. 나는 스크래치 난 부분의 사진을 찍고 렌터카 안팎을 자세히 살펴보았다. 렌터카를 반납할 때 혹여나 시비에 휘말리지 않으려면 차를 인수 받을 때 차량상태를 철저히 확인할 필요가 있기 때문이다. 별다른 문제는 보이지 않았다.

렌터카의 키를 건네받아 시동을 걸고 네비게이션에 목적지 명을 입력한 후 호텔 주차장을 빠져나왔다. 낯선 나라에서 처음하는 운전이라 약간 긴장되었다. 하지만 운전방향이나 교통방향 등이 한국과 같고 네비게이션을 보면서 운전하는 것 역시 익숙한 관계로 운전에 별다른 어려움을 느끼지는 않았다. 네비게이션이 인도하는 대로 다른 차들과 보조를 맞추어 운전했다.

오늘은 타보르 가는 날이다. 타보르(Tabor)는 얀 후스가 독일의 콘스탄츠에서 순교한 후 급진 후스파가 격렬하게 일어난, 후스 운동의 본산지로 유명한 곳이다. 로마 가톨릭이 보낸 십자군을 당당하게 격퇴시킨 애꾸눈, 지스카 장군은 지금껏 작은 도시 타보르의 상징으로 남아 있다. 프라하를 떠나 처음으로 방문하는 소도시 타보르는 얀 후스의 체취를 느낄 수 있는 중요한 지역이다. 또한 타보르 근처에는 얀 후스가 망명하던 시절 머물렀던 코지흐라덱이란 성이 있어서 후스의 발자취를 따라가는 이번 여행에서 반드시 가 보기로 생각했던 곳이다.

약한 빗방울이 계속 떨어졌지만 운전하는 데는 별 지장이 없었다. 앞차의 속도에 맞추어 함께 진행하니 금방 프라하 시내를 벗어났다. 고속도로에 접어들었다. 차들이 속력을 내기 시작했다. 고속도로의 최고속도는 시속 130km였지만 나는 2차선에서 110km 정도의 속력으로 달렸다. 뒤차가 꽁무니에 바짝 붙을 때는 3차선으로 비켜 주었다가 다시 2차선으로 옮겨서 달렸다.

얼마나 달렸을까?

내 차는 이미 일반 국도에 들어서 있었다. 네비게이션에 나타나는 현 구간의 최고 속도는 시속 90km로 나와 있었다.

체코의 국도는 대부분 편도 1차선이라 앞차가 느리게 가면 뒤차가 아무리 바빠도 여지없이 앞차의 뒤를 따라갈 수밖에 없다. 그런데 조금 진행하다 보면 2차선 구간이 나온다. 급한 차들은 모두 이 구간에서 앞차를 추월한다. 마을이 나오면 속도를 50km 이하로 줄여야 한다. 이렇게 90km와 50km를 번갈아 달리다가 도로공사를 하는 구간이 나오면 꼼짝없이 기다려야 한다. 유난히 도로공사를 하는 구간이 자주 나왔다. 도로공사 구간이 나오면 운전하는 내 입장에서는 오히려 마음이 편했다. 왜냐하면 다른 구간에서는 차들이 워낙 빨리 달려서 신경이 쓰였기 때문이다.

화창한 날씨여서 타보르 가는 길은 유난히 상쾌했다. 높은 산들은 없었지만 들판은 모두 초록색으로 덮여 있었다. 이따금씩 나타나는 마을은 평화로움 그 자체였다. 가장 특징적인 것은 구간마다 어김없이 체코 국기가 그려진 간판이 설치되어 있다는 것이다. 이 지역이 체코 땅이라는 사실을 운전자들에게 알리기 위함인지는 모르겠지만, 체코 국기의 간판은 간격을 두고 곳곳에 세워져 있었다.

한 시간이 조금 더 지났을 무렵 타보르라는 표지판이 보였다. 네비게이션에 맞추어 놓은 타보르의 주차장 주소 근처에 도착했다. 잠시 비어 있는 공간에 주차한 후 사방을 둘러보았지만 주차장이 보이지 않았다. 주차장이 보이지 않으니 숙소에 먼저 들리는 게 낫다는 생각이 들었다. 숙소에서 짐을 내린 후 주차장에 주차할 요량으로 네비게이션에 숙소 주소를 입력한 후 시동을 걸었다. 그런데 조금 나아가니 바로 앞 도로표지판에 공영주차장 표시가 나타났다. 갑작스럽게 숙소로 가려던 계획을 바꾸어 곧바로 공영주차장 입구로 진입했다. 차단기 옆에 있는 기계에서 표를 뽑고 차단기를 통과해 주차장 2층으로 올라가니 마치 나를 기다렸다는 듯 첫 번째 자리가 비어있다. 쉽게 주차할 수 있었다.

요금 계산을 위해 티켓 발매기(machine box)가 있는 1층으로 내려갔다. 그런데 티켓 발매기에는 영어로 된 안내문은 없고 온통 체코어뿐이었다. 마침 한 여성이 지나가기에 그녀에게 말을 걸어봤지만 영어로는 의사소통이 되지 않았다. 난감했다. 조금 후에 젊은 남성이 티켓 발매기로 오기에 물어보니 출차할 때 표를 티켓 발매기에 넣으면 요금이 화면에 뜨는데 화면에 뜬 그 금액을 티켓 발매기에 넣으면 영수증이 나오고 출차 시 차단기 옆에 표를 찍으면 차단기가 올라간다고 친절히 알려주었다. 사실 한국에서 인터넷을 찾아보기는 했지만 이런 정보를 얻지 못했다. 이방인 나그네에게 도움을 준 친절한 청년 덕분에 안심하고 주차할 수 있었다. 낯선 곳으로 여행을 가면 반드시 누군가의 도움이 필요할 때가 있다. 그런 점에서 여행은 여행자 스스로를 겸손하게 만드는 효과가 있다.

    나는 캐리어를 끌고 구글맵이 인도하는 대로 따라갔다. 프라하에서도 그랬지만 여기 타보르에도 길바닥에 온통 돌이 깔려 있어서 캐리어 끄는 소리가 유난히 크게 들렸다. 캐리어 끄는 소리 때문에 조용한 작은 마을이 시끌벅적해졌다. 하지만 지나가는 이들 중 그 누구도 캐리어 끄는 소리로 인해 인상을 찌푸리는 이는 없었다. 도중에 구글맵에 이상이 생긴 것 같아 지나가는 중년 부인에게 길을 물었다. 그러자 친절하게도 그녀는 영어로 자세히 알려 주었다. 내심 불안해 보였던지 그녀는 자신이 목적지 가까운 곳까지 안내해 주겠다고까지 말했다. 그녀에게 미안한 마음이 들어 설명만으로도 충분하다고 말하면서 나는 "땡큐"를 연발했다. 확실히 소도시 사람들은 관광객으로 발 디딜 틈 없는 프라하 시민들보다 훨씬 더 친절하다는 사실을 알 수 있었다.

    드디어 숙소에 도착했다. 입구에 있는 문의 손잡이를 힘껏 밀었으나 문이 열리지 않았다. 정문에 쪽지가 붙어 있어 읽어보니 숙소에 오는 손님은 적혀 있는 전화번호로 전화를 하라는 안내문이었다. 전화를 하니 중년 여성의 목소리가 들렸다. 내 소개를 하니 문 왼쪽에 검은색의 작은 함이 있는데 번호를 알려줄테니 그 번호를 맞추면 함이 열릴 것이고, 함 안에 문 열쇠가 있으니 그걸로 문을 열고 숙소 안으로 들어가면 된다고 했다. 그리고 내가 묵을 방은 2층 3호실이라고 알려주었다. 또한 내일 아침식사를 몇시에 할 거냐고 물어보기에 8시경이면 좋겠다고 하니 그렇게 준비하겠다고 대답하면서, 특별한 부탁사항이 있으면 자신에게 전화 연락을 하라는 말도 잊지 않았다.

나는 첩보원이 비밀공작을 위해 접촉을 하듯이 그녀가 일러준 대로 검은색 함의 번호를 하나씩 하나씩 눌렀다. 그랬더니 함이 열리고 그 안에 열쇠가 가지런히 놓여 있었다. 열쇠를 꺼내어 문을 열고 들어갔다. 바로 앞에 주방이 보였다. 주방 테이블 위에는 각 방의 열쇠와 안내문이 가지런히 놓여 있었다. 깨끗하게 청소된 깔끔한 숙소였다. 나는 그녀가 일러준 대로 3호실 열쇠와 안내문을 갖고 계단을 따라 2층으로 올라갔다. 방문을 열고 들어가 보니 아늑하고 정갈한 분위기의 방이었다. 특이한 조명과 이국적인 그림이 들어있는 액자가 방을 더욱 운치 있는 공간으로 만들었다. 화장실의 바닥과 벽은 분위기 있는 그림이 그려진 타일로 장식되어 있었다.

1층으로 내려와 부엌을 둘러보았다. 4인용 식탁이 여러 개 놓여 있었다. 부엌 천정에는 길게 배열된 몇 개의 고풍스런 통나무가 집의 운치를 더해 주었다. 부엌 테이블에는 각종 과일이 놓여 있었고 냉장고에는 여러 가지 먹을거리가 들어 있었다. 나무랄 데 없이 모든 것이 마음에 드는 숙소였다.

여장을 풀고 나니 오후 2시가 넘었다. 점심식사를 하러 밖으로 나갔다. 타보르 광장을 거쳐 도심으로 내려갔다. 케밥과 피자를 파는 가게를 발견하고 들어갔다. 중동 출신의 사람들이 운영하는 가게였다. 메뉴판을 훑어본 후에 모짜렐라 피자 한 판과 음료수를 주문했다. 낯선 환경에서 운전대를 잡고 신경을 썼고 점심때도 지나서였는지 피자는 말 그대로 꿀맛이었다. 배가 채워지자 파울로 코엘료의 『순례자』에 나오는 기도문의 일부가 떠올랐다.

먹고 마시면서 포식하지만, 그런 풍요로움 속에서도 불행하고 고독한 이들에게 자비를 베푸소서. 하지만 단식하고 비판하고 금욕하면서, 스스로를 성인이라 여기며 광장에서 당신의 이름으로 설교하는 이들에게는 더 큰 자비를 베푸소서. 그들은 '나 자신의 일을 내 입으로 증언한다면 그것은 참된 증언이 못된다'는 당신의 말씀을 알지 못합니다.[36]

이것은 진리를 듣는 이들보다는 진리를 가르치는 이들이 더 큰 죄에 빠질 수 있음을 예리하게 지적하는 역설적인 내용을 담고 있다. 입으로는 하나님의 영광을 외치면서도 존재 가치를 증명하기 위해 끊임없이 스스로를 채찍질해 온 자신의 수치가 드러난 것 같아 잠시 당황하지 않을 수 없었다.

## 타보르의 영웅, 얀 지스카 장군

식사를 마친 후 시내에서 돌아오는 길에 지스카광장에 있는 인포메이션 센터 안에 불이 켜져 있는 것을 발견했다. 안으로 들어가 보니 직원 두 명이 자리를 지키고 있었다. 꽂혀 있는 여행 브로셔 몇 장을 챙긴 후 직원에게 물어보았다.

"오늘 옆에 있는 후스 박물관을 관람할 수 있는가요?"

"네. 오늘 박물관 문을 여는 날입니다."

박물관은 개방하는 날이 따로 정해져 있었다. 다행히 이날은 박물관 입장이 가능한 날이었다. 곧바로 인포메이션 센터 바로 옆 건물 후스 박물관으로 갔다. 육중한 대문을 열고 들어가니 티켓 오피스가 있었다. 박물관과 지하동굴을 모두 관람할 수 있는 티켓을 100코루나에 구입했다. 마켓에서 구입한 먹을거리를 박물관 입구의 보관함에 넣어둔 후 박물관 내부로 발걸음을 옮겼다. 오후 3시경이었다.

처음 문을 열고 들어가니 컴컴했다. 정면에 있는 화면에서 다큐멘터리 영화가 상영되기 시작했다. 자리에 앉아 화면을 주시하니 얀 후스와 관련된 영상임을 금방 알 수 있었다. 체코어로 하는 해설이 들렸지만 다행히 화면 아래에 영어 자막도 나왔다.

[사진 7] 타보르의 후스 박물관 입구
　　박물관은 1, 2층으로 되어 있고 가이드의 설명을 들으면서 지하 동굴도 관람할 수 있다.

15분 정도 지났을까?

아무래도 오늘 내에 지하동굴을 투어 할 시간이 부족할 것 같아서 다음 공간으로 이동했다. 얀 후스의 탄생에서 시작하여 순교에 이르기까지 연대기별로 자세히 정리되어 있었다.

한 공간에서 다른 공간으로 이동하면서 전시되어 있는 후스에 관한 다른 자료들을 볼 수 있었다. 후스의 학문적 논쟁에 관한 내용을 요약해 놓은 게시물과 후스가 독일 콘스탄츠에 가서 생활했던 내용 또한 게시되어 있었다. 얀 후스의 이단적 죽음에 항의하여 보헤미아와 모라비아의 귀족들이 콘스탄츠 공의회에 보낸 특이한 형태의 편지도 있었고, 후스가 콘스탄츠 감옥에 있을 때 사용된 촛대 등 후스와 관련된 진기한 물품들이 전시되어 있었다.

타보르 박물관에서 가장 눈길을 끈 것은 아무래도 타보르에서 있었던 후스전쟁 관련 자료였다. 프라하의 베들레헴채플 2층에 있던 박물관에서도 얀 후스와 관련된 자료가 전시되어 있었지만 거기서는 타보르의 후스전쟁과 관련된 자료는 거의 볼 수 없었다. 반면 타보르 박물관에는 타보르에서 발생했던 후스전쟁 관련 자료를 집중적으로 전시해 놓은 것을 볼 수 있었다. 후스 시대의 전쟁에 관한 코너에는 다음과 같은 안내문이 적혀 있었다.

> 후스 운동은 전쟁에서의 혁명 또한 가져왔는가?
> 후스 군대의 지휘관들은 화기들과 용병들을 의존함으로 새로운 시대로 진입했다. 그러나 중세시대에 마차 장벽들과 농사용 지팡이들이 남아 있었다. 여러분은 전쟁을 경험한다는 것이 어떤 느낌인지 여러분 스스로 보게 될 것이다.

이러한 설명과 함께 타보르에서 있었던 후스전쟁 상황에 관한 모형도가 전시되어 있었다. 진을 치고 완전무장을 한 채 각종 무기를 운반하고 전쟁에 참가한, 수많은 군병 피규어들이 모형도 안에 전시되어 있었다. 이외에도 적군의 말들에게 치명상을 입히기 위해 공격 방향에 뿌려 놓은 마름쇠들, 말의 발굽을 보호하기 위해 말발굽에 고정시킨 쇳조각 박차들, 그리고 사용되지 않은 탄환들을 포함하여 당시에 사용된 다양한 무기들도 전시되어 있었다.

수많은 철사 고리로 연결된 갑옷은 특별하게 다가왔다. 이 갑옷은 철사 고리 1만 6천 개가 연결되어 있고, 철사의 전체 길이가 600m 무게는 16kg이나 나간다고 한다.

어떻게 이렇게 무거운 갑옷을 몸에 두른 채 전쟁터에 나갈 수 있었을까?

몸을 제대로 가누기에도 버거울 정도로 무거운 갑옷을 보면서 이런저런 추측을 했다.

타보르의 영웅 얀 지스카(Jan Žižka), 그는 누구인가?

얀 후스가 처형되던 1415년 당시에 유럽 국가들은 대부분 후스주의를 이단으로 간주했고 후스를 따르는 무리를 격파하기 위한 십자군 파병에 대해서도 동의했다. 당시 십자군의 선두에는 신성로마제국의 황제이자 헝가리 국왕이었던 지기스문트(Sigismund)가 있었고, 그는 자신이 체코의 바츨라프 4세의 동생으로 체코 왕위에 대한 권리도 주장했지만 후스주의자들은 이에 동의하지 않았다. 그러자 교황은 다섯 차례에 걸쳐 십자군을 파병했다.[37] 그러나 얀 지스카의 후스군은 숫적으로 후스군을 압도했던 십자군을 여지없이 격파했다.

타보르의 후스 박물관에는 후스전쟁에 참가한 지휘관들을 소개하면서, 얀 지스카 장군의 활약상을 가장 눈에 띠게 소개하고 있었다. 지스카 장군에 관한 다음의 문구가 눈에 띄었다.

> 얀 지스카는 우리 역사에서 가장 위대한 인물들 중 한 명이었다. 그러나 그는 다양한 면이 있는 사람이었다. 지스카는 다수의 신비로움과 알려지지 않은 의문들로 베일에 가려져 있다. 우리는 그런 의문들에 대한 대답을 발견할 수 있는가? 지스카가 어떤 유의 사람이었는지 그리고 그에 대한 어떤 인상이 후대 사람들에게 남아 있는지를 살펴보자.
>
> 지스카의 군대는 구약성경과 조화를 이루어 하나님의 군대의 행동에 대한 엄격한 규칙을 설정했고 그 규칙을 어길 시 엄한 처벌을 부과했다. 죄는 엄하게 처벌 받을 만했다.

얀 지스카 장군에 대한 이미지는 다음과 같이 시대마다 다르게 다양한 모습으로 묘사되고 있다.

> 얀 지스카에 대한 가장 오래된 그림은 15세기 말에 피섹의 제니섹 즈미렐리(Jenicek Zmilely of Pisek)가 제나 코덱스(Jena Codex)를 장식했던 괴팅엔 문서에서 발견된다. 르네상스 시대의 비가톨릭 학자들은 지스카를 특별한 스파이크가 박힌 헬멧을 쓴 동양의 영웅으로 상상했다. 또한 예를 들면 소위 제네바 초상화에서부터 베니스 총독에까지 알려진 것으로, 지스카에 대한 이런 이미지는 18세기까지 사용되었다. 바로크의 환경은 지스카를 '도둑, 범죄자 및 무자비한 괴물' 등으로 거부했다. 계몽주의 및 낭만주의 시대의 시

작은 지스카에 대한 부정적 견해에 종지부를 찍었다. 민속 그림들은 주로 지스카가 후스와 프로콥 홀리(Prokop Holy)를 만나고 있는 주제를 그대로 복사했다. 그들은 흔히 지스카를 너무 세련된 사람으로 나타냈다. 단지 실재하는 중세 공예품에 대한 과학적 연구의 발전만이 후스파 리더의 진정한 모습을 볼 수 있게 해 주었다.

[사진8] 얀 후스 사망 후 타보르에서 일어난 후스전쟁의 모형
로마가톨릭이 보낸 십자군에 대항하여 얀 지스카 장군이 이끄는 후스 군대가 대승을 거두었다.

한 공간에는 지스카 장군으로 추정되는 두개골이 전시되어 있었고, 이를 기반으로 하여 인류학자가 지스카 장군의 얼굴을 재현해서 그려 놓은 얼굴 그림 또한 보는 이들의 상당한 관심을 자아냈다. 이어서 유럽의 종교개혁자들과 관련된 도표가 게시되어 있었다. 14세기 초반에 등장한 영국의 종교개혁자 존 위클리프에서 시작하여 그의 영향을 받아 14세기 후반에서 16세기 초반까지 활동한 얀 후스, 그리고 후스의 순교 후에 형성된 급진 후스파와 온건 후스파, 그리고 같은 후스의 영향을 받아 독일에서 16세기의 종교개혁을 주도한 마틴 루터와 루터란 교회, 이어서 16세기 중후반에 이르러 칼뱅의 장로교와 영국 성공회의 시작, 17세기 중반에 형성된 경건주의 등에 대한 내용이 도표로 일목요연하게 정리되어 있었다. 체코 역사에는 후스파 운동이 차지하는 의의를 다음과 같이 설명하고 있다.

> 후스파의 과거에 대한 기억은 국민의 기억 속에 각인되었으며 그런 인식은 점진적으로 학식 있는 애국자들에 의해 전파되었다. 체코의 가톨릭 교도들은 교회의 도덕적 회복에 대한 후스의 노력을 인정했다. 비 가톨릭 교도들은 자신들 스스로를 보헤미아 형제단 혹은 후스파라고 여겼다. 외국의 적들에 대한 지스카의 승리는 국가적 자부심을 강화했다. 우리는 체코인들이 위험에 빠졌을 때 항상 후스파 운동에로 되돌아간 사실을 보게 될 것이다. 후스파의 성공은 세계대전들과 독일에 의해 점령당했던 시기 동안에 국민들을 격려했다. 공산주의 정권은 후스파 운동의 이상을 이용하려고 시도했다. 과거의 유산은 계속해서 우리와 함께 해 왔다.

1414년 가을 프라하에서 후스의 제자들은 성찬식에서 빵과 잔 모두를 모든 예배자들에게 나누기 시작했다. 새로운 방식의 기독교 신앙이 탄생했으며 잔은 그것의 상징이 되었다. 이종성찬(Utraquism)은 보헤미아 왕국에서 200년 이상 지속되었다. 이후로 계속해서 이종성찬은 다양한 형태들로 그리고 보헤미아 개혁의 형태들로 존재해 왔다.

확실히 타보르에 있는 후스 박물관은 프라하의 베들레헴채플에 있는 후스 박물관보다 더 다양하고 자세한 자료를 많이 전시해 놓은 것을 확인할 수 있었다. 체코의 여러 지역에서 발생했던 후스파 전쟁들,[38] 특히 타보르에서 발생했던 후스전쟁에 관해서는 더더욱 구체적인 자료를 볼 수 있었다.

박물관 관람이 끝난 후 티켓 매표소로 돌아왔다. 벌써 오후 4시였다. 곧바로 박물관 가이드와 함께 지하동굴로 내려갔다. 햇볕이 내리쬐는 바깥과는 달리 지하동굴에서는 차가운 기운이 느껴졌다. 체코인 부부와 함께 내려갔던 관계로 가이드는 체코어로 안내해 주었다. 체코어에 문외한인 나로서는 가끔씩 질문을 함으로 궁금한 점을 물어보기는 했지만 만족할 만한 설명을 들을 수는 없었다. 단지 제한된 날과 제한된 시간에만 지하동굴을 안내한다고 들었는데, 오늘 지하동굴을 돌아볼 수 있다는 사실 하나만으로 위안을 삼아야 했다. 다만 가이드가 준 한글로 된 안내문을 통해 타보르 지하동굴에 대한 전반적인 이해를 할 수 있었다. 그 안내문은 다음의 내용을 담고 있다.

타보르의 지하동굴은 제2차 세계대전이 끝난 직후인, 1946년에서 1947년까지 지스카광장 아래 지하에 인공적으로 조성된 연결로이다. 지하동굴은 앞 건물 시청 지하실에서 시작하여 광장을 따라 광장 맞은편 6호집까지 이어져 있다. 시청 지하실은 시장에서 공공질서를 어지럽히고 싸우는 여성들을 수감하는 장소로 사용되었다. 원래 지하실 건설은 1420년 타보르 도시의 건설 직후에 시작되었다.

처음에는 음식과 식량 저장소로 사용되었지만 1437년 타보르가 왕실의 도시로 승격되고 맥주를 양조할 수 있는 특권이 주어지면서 지하실이 확장되었고 맥주를 숙성시키는 곳으로 사용되었다. 연중 섭씨 7-8도의 적정온도를 유지하기 때문에 맥주를 숙성시키기에 최고의 환경으로 알려져 있다.

또한 이 지하실은 도시에서 화재가 날 때도 유용했다. 타보르에서는 자주 화재가 발생했는데 그때마다 지하실은 피난처가 되었다. 예를 들면 1559년에는 화재로 도시의 80%가 파괴되었는데, 당시 사람들은 남아있는 소유물과 가축들까지 지하실로 데려가 키우며 새 집을 지을 때까지 함께 살았다.

물을 확보하는 것이 타보르의 가장 큰 문제였는데 타보르가 언덕이고 바위로 된 곳이어서 우물이 없었다. 처음 70년간 땅에 구멍을 내어 빗물을 받아 사용하거나 강물을 길어와 사용했지만, 1492년 티스메니키 시내를 정비하여 저수지를 만들어 그 곳을 요단(Jordan)이라 부르고 물탱크를 통해 공공분수대로 물을 끌어올려 사용하기 시작했다. 지하동굴은 2-3층으로 되어 있고 가장 깊은 곳은 표면에서 약 16m나 된다.

타보르 시 아래에 형성된 지하동굴은 1968년에 발굴되어 세상에 알려졌지만 홍부의 범람으로 붕괴되기도 했다. 지하동굴의 길이는 총 12-14km가 된다. 그러나 지하동굴은 지스카광장 아래에서만 형성되어 있어서 좁은 면적의 땅 위에 있다.[39]

지하동굴 투어를 마치고 나오니 그 곳은 지스카광장 맞은편에 있는 레스토랑의 마당이었다. 광장을 따라 다시 박물관 입구로 걸어오면서 광장 중앙에 우뚝 서 있는 지스카 장군의 동상을 보았다. 그 옛날 후스의 정신을 이어받아 진리를 위해 목숨을 바쳐 싸웠던 타보르 사람들. 후스의 정신이 후대 타보르인들에게 이어져 지금까지 내려오고 있음을 느낄 수 있었다.

그 후 십자군, 지기스문트의 가톨릭 교도들이 후스주의 군대와 협상을 시도했지만 순조롭게 이루어지지 못했다. 그런 가운데 후스주의 내에서도 온건파와 급진적인 타보르파가 갈등이 발생했고 서로 무력대결을 한 결과 결국 1434년에 온건파가 승리했다. 그 결과 로마 가톨릭과 후스파 사이의 전쟁이 종료되었고 사람들은 로마 가톨릭과 후스주의 중에서 자유롭게 종교를 선택할 수 있게 되었다.[40]

그러나 세월이 흘러 보헤미아는 1620년 백산전투에서 가톨릭에 패배한 이후로 다시금 가톨릭의 지배하에 들어가게 된다. 그 후로 체코는 300년 동안 재가톨릭화를 겪었고 그 과정에서 후스의 정신을 따르는 이들이 엄청난 탄압을 받게 된다. 그런 박해 중에서도 개혁정신을 가진 사람들이 보헤미아와 모라비아 지역에서 100년 이상 존재했던 것으로 알려져 있다. 결국 제1차 세계대전 이후 종교의 자유가 선포되면서 박해가 끝이 나고, 1918년에 루터교회와 장로교회 및 체코개혁교회가 연합하여 체코형제복음교단을 설립하게 된다.[41]

티켓 매표소로 돌아왔다. 매표소에 맡겨 놓았던 보증금을 찾고 얀 후스 관련 책[42]을 구입한 후 매표소 앞 보관함에 맡겨놓은 먹을거리를 다시 꺼내어 숙소로 향했다. 예상치 않게 오늘 하루 타보르 박물관을 완전히 섭렵했다. 내일은 한결 가벼운 마음으로 일정을 소화할 수 있게 되었다. 피곤한 몸을 이끌고 잠자리에 들었다.

　시끌벅적한 프라하와는 달리 조용한 지방 소도시 타보르는 먼 나라 한국에서 온 이방인에게 정감 있게 다가왔다. 칠흑같이 어두운 밤, 그 어떤 소리도 들리지 않는 고요함은 마치 시간이 멈춰진 듯 착각에 빠지게 했다. 그때 어디선가 한편에서 후스의 정신을 따라 진리를 위해 몸을 사리지 않고 싸웠던 지스카 장군과 그의 용사들의 우렁찬 함성소리가 타보르의 밤하늘에 울려 퍼지는 듯했다.[43]

# 얀 후스의 망명지, 코지흐라덱

타보르에서의 둘째 날 아침. 식사 후에 자동차를 몰고 곧바로 코지흐라덱(Kozi hradek)으로 향했다. 일명 '염소 성'(goat castle)이라 불리는 이곳은 얀 후스의 망명지로 후스가 주민들을 위해 설교도 했지만 특히 저술활동에 집중했던 장소로 알려져 있다. 1412년 9월 얀 후스는 베들레헴채플을 중심으로 종교개혁에 동참하는 다양한 교회들에서 열정적으로 로마 가톨릭의 잘못된 교리를 지적했다. 면죄부 판매와 성직자의 재산 축적 등을 비롯하여 중세 가톨릭의 잘못된 부분을 여지없이 비판했던 것이다. 면죄부 판매에 반대하여 시위가 일어났고 시위 진압 과정에서 사람들이 목숨을 잃는 불상사도 발생했다.

그때 로마 가톨릭은 프라하에서 성무(聖務)금지령을 발표했다. 종교개혁에 대응하여 모든 종교 활동을 일시적으로 금지하는 특단의 조치였다. 얀 후스는 할 수 없이 프라하에서의 모든 활동을 중단하고 지인의 도움을 받아 타보르 근처의 코지흐라덱으로 피신했다. 후스의 망명생활이 시작된 것이다.

프라하를 떠나 세지모보우스티(Sezimovo Usti) 근처에 소재한 코지흐라덱에 온 후스는 약 1년 2개월 동안 이곳에 머물렀다. 비록 성무금지

[사진9] 코지흐라덱 내부의 얀 후스 상
지금은 성의 폐허만 남아 있다.

령이 내려진 상태였지만 후스는 이곳에서 사람들에게 체코어로 설교했고 동시에 라틴어와 체코어로 글을 썼다. 이곳에서 후스는 『믿음, 십계명, 주기도문에 대한 설명』,『삼겹줄』,『성직 매매』,『죄 많은 사람의 거울』,『구원에 이르는 바른길의 깨달음에 대하여』,『여섯 가지 이교 신앙에 대하여』,『주석』 등의 유명한 책들을 저술함으로 잠자던 체코인들의 눈을 뜨게 해 주었다.[44] 특히 이곳에서 집필을 끝낸 체코어 강해설교집은 나중에 그의 저술 중 최고라는 평가를 받게 된다. 그의 체코어 강해설교집은 자신이 오랫동안 심혈을 기울여 온 라틴어 강해를 초안으로 사용했으며 그의 체코어 강해는 보통 사람들이 읽기 쉬운 문장으로 작성되었다.[45]

렌터카 핸들을 잡은 지 약 15분이 지나자 차창 가로 세지모보우스티라는 마을 표시판이 보였다. 마을 어귀에서 시속 30km로 속도를 줄이고 서서히 마을에 진입했다. 사람들이 활보해야 할 아침 시간이었음

에도 마을의 도로에는 사람들이 거의 보이지 않았다. 도로 양쪽에 늘어서 있는 집들은 상대적으로 타보르의 집들과는 비교할 수 없을 정도로 낙후된 모습이었다. 흡사 젊은이들이 마을을 떠나 활기를 잃어버린 외딴 시골의 모습과도 같았다. 코지흐라덱에 머물던 얀 후스는 가까운 거리에 있는 세지모보우스티 마을에도 자주 드나들면서 하나님의 말씀을 전한 것으로 알려져 있다.

  마을을 지난 지 얼마 되지 않아 목적지가 가까움을 직감적으로 알 수 있었다. 좁은 길로 진입해 조금 올라가니 도로 왼편에 드넓은 호수가 펼쳐져 있었다. 호수를 지나자 곧바로 목적지가 나타났다. 사진으로 보았던 폐허가 된 성의 모습은 보이지 않았다. 다만 오른편에 집 한 채가 외로이 서 있었고 왼편으로는 공터가 넓게 펼쳐져 있었다.

  나는 공터 입구에 주차한 후 주변을 둘러보았다. 맑은 하늘과 넓은 녹색의 들판 그리고 상쾌한 바람과 따뜻한 태양이 멀리서 온 이방인 여행객을 반기는 듯 느껴졌다. 코지흐라덱을 소개하는 안내판이 눈에 들어왔다. 가까이 가 보니 안내문은 체코어로 되어 있었다. 사진과 만화 형식의 그림과 설명이 있었지만 체코어를 읽을 수 없어 대충 훑어보면서 내용을 추측해야 했다.

다행한 사실은 코지흐라덱 주변을 둘러볼 수 있도록 약도와 함께 주요 포인트마다 번호가 매겨져 있다는 사실이었다. 번호를 따라 걷기 시작했다. 주차장에 있는 1번 포인트에서 시작하여 10번 포인트까지, 포인트 곳곳마다 얀 후스의 흔적을 느낄 수 있었다. 이미 폐허가 되어 오래된 벽채만 남아 있는 성의 주변에는 나무로 연결된 펜스가 있어서 성 내부로 들어갈 수 없었다. 포인트를 따라 돌아가니 성 입구가 보였다. 간판에는 코지흐라덱(Kozi hradek)이라는 글씨와 함께 입장요금이 쓰여 있었고, 그 옆에는 큰 자물쇠로 굳게 잠긴 문이 있었다. 자세히 보니 성 내부에 입장할 수 있는 기간이 아니었다. 이미 폐허밖에 남아 있지 않았지만, 주변을 돌면서 성 전체를 바라볼 수 있는 것이 그나마 다행이었다. 나무 펜스 사이로 핸드폰을 집어넣어 성 내부의 사진을 찍었다.

성 주변을 돌아본 후 다시 주차장으로 돌아왔지만 아쉬운 마음이 들었다. 다른 여행객은 발견할 수 없었다. 아마도 성을 개방하는 기간이 아니어서 사람들이 찾아오지 않는 것 같았다. 이런 조용한 분위기가 오히려 얀 후스에 대해 묵상하는 데는 더없이 좋은 환경이었다. 이왕여기까지 온 김에 성 옆에 있는 냇가를 따라 더 깊은 숲 속으로 들어가 보기로 했다. 조금 더 후스의 체취를 맡아보고 싶어서였다. 작은 시내를 따라 숲으로 들어가니 높이를 잴 수 없을 정도로 키가 큰 나무들이 한국에서 온 이방인을 반겨주었다. 거대한 나무들과 숲이 뿜어대는 피톤치드에 온 몸과 영혼이 정화되고 있음을 느꼈다. 아무리 둔감한 사람이라 해도 이런 숲길을 걷는 동안에는 자연스럽게 신선한 영감이 떠오르는 경험을 하지 않을까 하는 생각이 들었다. 태고의 신비를 간직한 숲길을 걸으면서 마치 얀 후스와 동시대인인 양 스스로 착각 속에 빠져 들었다.

오른편에 흐르는 시냇물을 바라보면서 숲속 깊은 곳으로 들어갔다. 조깅을 하는 한 여성이 맞은 편에서 달려오고 있었다. 서로 눈길을 마주치며 인사하는가 했더니 어느 새 그녀는 나를 지나쳐 저만치 달려가고 있었다.

600년 전 얀 후스는 이 숲길을 거닐면서 무슨 생각을 하곤 했을까?

교황으로부터 파문을 당하여 망명자의 신세로 자신의 미래가 불투명한 상태에 있었지만 오직 진리를 향한 발걸음만을 내딛겠다는 결연한 의지를 이곳에서 다지지 않았을까?

또한 그는 이곳에 피신해 있으면서도 프라하에 있는 많은 신자들, 동료들과 편지를 통한 교제를 지속적으로 했다. 편지를 통해 후스는 그들이 믿음과 하나님의 말씀 안에 거하도록 격려했다.[46]

후스는 그들로부터 편지를 받고 또 편지를 쓰기 위해 이곳 숲길을 거닐면서 묵상하지 않았을까?

후스가 1413년 10월에 이곳 코지흐라덱에서 행한 마지막 체코어 설교에는 다음과 같은 내용을 담고 있다.

모든 신실한 크리스천은 나를 체코 왕국에 있는 이단이며, 매일 베들레헴에서 궤변과 이설로 설교하고, 이단의 사제이며 이단의 두목으로 여기고 있습니다. 그러나 나는 자비하신 그리스도를 믿고 있기에 이러한 사람들의 생각은 나에게 상처가 되지 않으며, 또한 나에게 슬픔도 주지 않습니다. 왜냐하면 사제들이 그의 거룩한 자비(역자주: 그리스도)에게도 나쁘게 행동하였고 결국 잔혹한 죽음에 이르는 고통을 주었던 것을 알고 있기 때문입니다. 나의 싸움을 거룩한 자비(역자주: 그리스도)가 완성하도록 나의 싸움을 그에게 내려놓았습니다. 사람들로부터 굴욕을 당하거나 죽음을 당해도, 내가 진리에서 떨어지지 않게 하실 것입니다.[47]

시인 김용택은 자신의 책에서 이렇게 말한 바 있다.

나는 다만 오늘을 사는 순간순간이 내 현실이고, 그 현실이 확실한 내 인생인 것이다.[48]

물론 이 말은 현재의 소중함을 뜻하는 말이라 할 수 있다. 얀 후스는 자신이 어떤 지위에 있든지, 어떤 장소에 있든지, 누구와 함께 하든지, 누구를 대상으로 사역하든지에 상관없이 오로지 주어진 현재에 최선을 다했던 인물이었다.

오랜 세월의 흐름 속에서도 코지흐라덱의 숲은 변치 않았을 것이다. 마치 십자가를 지고 골고다 언덕길을 걸어가는 예수 그리스도의 모습처럼, 진리를 향해 걸어가던 후스의 열정과 체취가 이 숲속에 남아 불어오는 바람을 타고 온 몸을 감싸는 듯 느껴졌다.

## 건축양식의 전시장, 타보르

코지흐라덱 방문은 600년 전 중세시대로 돌아간 시간여행, 그 자체였다. 코지흐라덱에서의 여운을 뒤로 하고 타보르로 돌아왔다. 점심때가 되어 광장 아래쪽에 있는 한 식당에 들어가 식사를 한 후 마을을 돌아보았다.

타보르는 얀 후스가 순교한 뒤 후스의 정신을 따르던 이들이 모여 형성한 중세의 소도시이다. 타보르의 중심지는 단연 지스카광장으로 광장 중앙에는 지스카 장군의 동상과 르네상스 샘, 그리고 두 그루의 마로니에와 성 도나투스와 성 플로리안의 조각이 있다.

급진 후스파의 리더로 유명한 얀 지스카(Jan Žižka) 장군은 후스파의 타보르가 건설되던 시기에 명성과 영광을 얻은 중요한 인물이다. 1860년대 말 시의회는 광장에 얀 지스카의 동상을 건립함으로써 그를 기념할 것을 결정했다. 유명한 조각가 미슬백(J.V. Myslbek)에 의해 고안된 원래의 청동 조각상은 재료의 불완전성 때문에 (1877년에) 건립된 직후에 1884년부터 조셉 스트라쵸브스키(Josef Strachovsky)의 작품인 사암으로 만든 상으로 대체되었다.[49] 타보르에 요단 호수가 형성되고 나무로 된 파이프라인을 사용하는 상수시설로 물을 각 가정에 분배하기 시작한 이후에 르네상스 샘은 16세기 초반에 그 중요성이 인정되었다. 현재, 구시가지에 일곱 개의 샘이 보존되어 있으며, 그 중에서 가장 큰 샘은 지스카광장에 있는 샘이다. 이 샘은 1567-1568년에 건설되었다.[50]

[사진10] 코지흐라덱 입구 안내문
로마교황청으로부터 파문을 당한 얀 후스는 이곳에서 1년 2개월을 머물면서 복음전파와 저술 작업에 몰두했다.

광장 주변에는 여행객을 위한 인포메이션 센터와 다볼산주님변화기념딘교회(Dean Church of the Lord's Conversion on Mount Tabor), 그리고 후스 박물관 등과 함께, 중요한 건물마다 번호가 매겨져 있었다. 지금은 레스토랑과 카페로 사용되는 타보르의 대표적인 건물들은 고딕, 바로크, 로코코 등 다양한 건축양식으로 건설되어 광장 주변을 다채롭게 밝혀 주고 있다. 인포메이션 센터에서 받은 리플릿에는 타보르 시내에서 볼만한 건물들에 번호를 매겨놓았고, 총 34개 장소를 소개하고 있다. 타보르 성을 돌아보다가 21번 포인트에 이르렀다. 거기에 다음과 같이 타보르 성과 관련한 역사적 내용을 3개 국어(체코어, 영어, 독일어)로 병기해 놓았다.

과거에, 성 내부로 들어오는 모든 지점들은 문들로 막혀 있었다. 그 문들 중 하나 - 클로코츠카(Klocotska) 혹은 그랜드 포탈(the Grand Portal)이라 불리는 - 가 여기 있었다. 그 문은 1436년에 기록된 문서에 처음 언급되었다. 그러나 고고학 연구를 통해서 그 문은 프레미슬리드 타운 흐라디스테(Premyslid town Hradiste)라는 이전의 강력한 장벽들을 대체한 것임이 밝혀졌다. 이 지점에서부터 하나의 길이 그 이후에 타보르 주민들의 농장과 들판이 발견된 클로코티(Klokoty)라는 곳과 연결되었다. 감시원이 지키는 도로가 있는 감시초소는 또한 대문(the Grand Portal)의 일부였다. 그 문은 19세기 후반에 파괴되었다. 빈 공간은 홀레첵(Holecek) 공원의 일부가 되었다.

호기심 어린 눈으로 번호가 매겨진 포인트를 따라 타보르 성 전체를 돌아보았다. 성을 돌고 나니 벌써 늦은 오후가 되었다. 성을 돌면서 이따금씩 여행객을 보곤 했지만 그리 많은 사람들이 눈에 띠지는 않았다. 인포메이션 센터에서 받은 타보르 지도에는 타보르 성 내부가 더 간략하게 소개되어 있고, 18개의 중요한 포인트로 소개되어 있다. 맥주 박물관, 레고 박물관, 초콜릿 박물관을 포함하여 갤러리들이 여러 곳에 있었고, 아기자기한 소품을 판매하는 가게들은 타보르를 더욱 정감 있는 마을로 장식하고 있었다. 조용한 모습으로 옛날의 기억을 간직하고 있는 타보르 성은 이전에도 와 본 듯 익숙한 장소로 정겹게 다가왔다. 숙소로 돌아오면서 성 저편에 있는 요단 호수(Jordan lake)와 루즈니체 강(Luznice river)을 볼 수 있었다. 타보르 성 주변을 굽이 돌아 흐르고 있었다.

## 타보르에서 후시네츠로

　오늘은 수요일. 아침 일찍 눈을 떴다. 지난 이틀간 정들었던 타보르를 떠나는 날이다. 종교개혁 전통이 살아있는 작지만 깨끗하고 아기자기한 매력을 간직한 도시 타보르. 좁고 굽은 골목길을 돌아보면서 얀 후스의 정신을 보존하려는 타보르 시민들의 노력을 확인할 수 있었다. 너무나 조용하고 깨끗하고 평화로운 작은 도시여서 이곳이 그 옛날 15세기 당시에 가톨릭과 후스파의 격전지였다는 사실이 실감나지 않았다.

　특별한 역사가 살아 숨 쉬는 작은 도시 타보르를 떠나야 한다는 사실이 아쉬워서 광장 근처를 한 번 더 둘러보기로 했다. 오전 8시경 숙소를 나가 지스카광장으로 갔다. 어제 아침과는 달리 광장에는 사람들이 바쁘게 북적이고 있었다. 가까이 가 보니 마침 장이 열리는 날이었다. 그들은 타보르 근교의 여러 곳에서 온 상인들이었다. 저마다 자동차에서 물건을 내리기에 바빴다. 상인들의 마음을 아는지 모르는지 근엄한 모습의 애꾸눈 얀 지스카 장군은 광장의 중앙에 서서 타보르 마을을 지켜 보고 있었다.

[사진11] 타보르에서 있었던 후스 전쟁의 영웅 얀 지스카 장군의 동상
근엄한 모습을 한 얀 지스카 장군이 광장 중앙에 서 있다.

나는 발길이 이끄는 대로 광장 주변에 있는 골목길 이곳저곳을 둘러보다가 다시 광장으로 돌아왔다. 아까와는 달리 광장은 이제 제법 시장 구색이 갖추어져 있었다. 사람들도 북적이고 자동차에서 꽃모종을 내리는 사람들과, 이미 자리를 펴서 장사를 하는 이들도 있었다. 집에서 양봉한 벌꿀과 각종 수제 잼을 만들어 파는 곳을 비롯하여, 각종 너트를 파는 곳, 임시정육점, 다양한 종류의 수제 빵을 파는 곳도 두 군데나 있었다. 어제의 한산했던 모습과는 전혀 다른 광장의 모습이었다. 사고 싶은 것들이 있었지만 갖고 나온 현금이 없어서 숙소로 돌아올 수밖에 없었다.

체코에 와서 터득한 사실 하나가 있다. 여행객은 아침을 든든히 먹어야 한다는 사실이다. 이러한 여행의 기본수칙을 잘 지키려고 아침식사를 든든히 했다. 방을 정리하고 체크아웃을 하면서 요금을 지불한 후 숙소를 빠져나왔다.

아니나 다를까?

캐리어 끄는 소리가 유난히도 요란했다. 돌로 된 바닥에 끌리는 캐리어 소리는 골목길 전체에 울려 퍼져 사람들의 잠을 깨우는 역할을 했다. 그런데 이따금씩 승용차가 지나가긴 했지만 골목길을 지나가는 사람은 거의 보이지 않았다.

다른 지방의 소도시들처럼 타보르 역시 중세의 골목과 건물들을 그대로 유지함으로 골목길이 좁은 편이다. 뒤에서 혹은 앞에서 달려오는 자동차를 피해 이따금씩 제자리에 서거나 옆으로 비켰다가 다시 캐리어를 끌었다. 광장 쪽으로 나와 보니 아까보다 더 많은 사람들이 북적이고 있었다. 아까 사고 싶었던 것들을 다시 구입하려 했지만 이미 백팩과 캐리어에는 짐이 가득했다. 더 구입한다 해도 렌터카가 있는 곳까지 들고 갈 수가 없어서 아쉬운 발길을 돌려야 했다. 시장 사람들의 왁자지껄한 소리에 바닥에 끌리는 캐리어 소리가 묻혀 버렸다. 한결 마음이 편했다.

이윽고 주차장에 도착했다. 능숙한(?) 솜씨로 티켓 발매기에 가서 표를 찍으니 40코루나를 넣으라는 표시가 화면에 떴다. 50코루나 짜리 동전을 넣으니 거스름돈 10코루나와 함께 영수증이 나왔다. 차를 타고서 네비게이션에 주소를 입력한 후 주차장을 빠져나왔다. 이제 네비게이션이 인도하는 대로 따라가기만 하면 된다. 자동차는 순식간에 타보르를 빠져 나와 고속도로에 진입했다.

최고 속도는 시속 130km. 차들은 생각보다 빨리 달렸다. 나는 2차선에서 시속 120km 정도로 여유 있게 달렸다. 청명한 하늘에 포근한 햇빛 그리고 상쾌한 공기와 탁 트인 시야로 인해 고속도로 운전이 낭만적인 시간이 되었다. 한참을 달려 고속도로를 벗어나 국도에 접어들었다. 국도에서는 도로 공사를 하는 곳이 여러 번 나왔다. 그런 곳에 이르면 으레 차들이 서행하다가 정차한다. 앞차 꽁무니만 바라보면서 교통체증이 풀리기만을 기다려야 한다. 일정이 바쁜 운전자에게는 답답하기 그지없는 노릇이겠지만 여행객의 입장에서는 어떤 감정의 동요도 일어나지 않는다. 어떤 상황도 즐거운 경험으로 다가올 뿐이었다.

어느새 렌터카는 운치 있는 시골길을 달리고 있었다. 이따금씩 보이는 마을에는 예배당이 마을 중심에 자리잡고 있었고, 주황색과 짙은 자주색의 지붕으로 뒤덮인 집들이 옹기종기 마을을 형성하고 있었다. 이따금씩 뒤에서 달려오는 자동차가 꽁무니에 바짝 따라붙는 경우도 있었다. 하지만 그때마다 적당한 장소가 나오면 추월할 수 있도록 길을 비켜주었다. 프라하에서 타보르로 가는 길도 운치가 있었지만,

타보르에서 후시네츠로 가는 길은 더더욱 어린 시절의 향수를 기억나게 해 줄 만큼 정겨운 시골길이었다. 복잡한 일상을 떠나 낯선 공간에 와 있다는 사실 자체가 치유와 회복의 효과가 있는 것 같았다.

[사진12] 후시네츠에 있는 얀 후스 박물관 입구
박물관 보수공사 관계로 문이 닫혀 있다.

## 얀 후스의 탄생지, 후시네츠

드디어 후시네츠 마을 입구에 들어섰다. 타보르에서 2시간도 넘게 달려왔다. 마을에 진입한 후 네비게이션에 입력된 후시네츠 마을의 공용주차장에 도착했다. 작은 시골 마을이어서 그런지 주차장에는 주차 티켓을 발행하는 티켓 발매기도 없었다. 대신 공용주차장이 무료로 운영되고 있었다. 무료주차장은 체코에 와서 처음이었다. 주차장 옆에는 인터넷에서 보았던 얀 후스 동상이 서 있었다. 얀 후스는 성경책을 들고 다소 색다른 모자를 쓰고 있었다. 동상 아래에는 이미 시들어버린 두 개의 꽃다발만 덩그러니 남아 있었다. 이곳이 후시네츠 마을의 중심지로 보였다. 구글 맵에 후스 박물관 주소를 맞추니 250m 앞에 있다는 표시가 나온다.

구글맵을 따라 걸어가니 오른쪽에 박물관 입구가 보였다. 입구에서 몇 장의 사진을 찍은 후 문 안으로 들어갔다.

그런데 웬걸?

박물관 내부 공사 중이었다. 문 안에서 사람을 찾고 있는데 안쪽에서 공사하는 인부가 한 명 나왔다. 그는 영어로 의사소통이 가능한 젊은이였다. 박물관 매표소가 어디 있느냐고 물으니 지금 내부 공사 중이어서 박물관

문을 닫은 상태라고 했다. 앞으로 2주 후에 박물관을 오픈할 것이라는 말도 해 주었다. 예상은 했지만 아쉬운 마음이 드는 것은 어쩔 수 없었다. 사실 체코에 오기 전에 후시네츠에 있는 후스 박물관이 닫혀 있을 것이라는 사실은 어느 정도 예상하고 있었다. 후스 박물관 웹 사이트에는 박물관을 개방하는 요일과 시간, 그리고 개방일이 5월부터 10월이라고 안내되어 있었기 때문이다. 그럼에도 불구하고 선뜻 이해되지 않았던 사실은 '11월에서 4월까지, 6개월 동안이나 박물관 문을 닫아놓을 리가 있을까?' 라는 생각이었다. 혹 문이 닫혀 있다 해도 후스의 탄생지를 방문하는 것 자체가 내게는 소중한 의미를 지닌다고 생각했기에 후회는 없었다.

박물관의 외부 모습만 사진에 담은 채 그곳을 떠나야 했다. 타보르에서의 풍성했던 여행에 비해 후시네츠에서는 얀 후스와 관련된 구체적인 콘텐츠를 접할 기회가 없었다. 그래도 그냥 그 곳을 떠날 수는 없었다. 햇볕이 뜨거웠지만 아쉬움을 달래기 위해 동네를 한 바퀴 돌아보기로 했다. 다시 주차장 쪽으로 걸어오면서 거리 양쪽에 길게 늘어서 있는 집들을 유심히 살펴보았다. 대부분 낡고 허름한 집들이었다. 거리를 다니는 사람도 거의 없었다. 마치 마을 전체가 더이상 사람들이 살지 않는 폐허처럼 느껴졌다.

그런 생각을 하던 순간 이어져 있는 집들 가운데 한 집이 눈에 들어왔다. 그 집의 외벽에 그려진 그림 때문이었다. 외벽에는 여러 인물들의 모습이 그려져 있고 그림 윗부분에는 해당 인물의 이름과 출생연도 및 사망연도가 적혀 있었다. 자세히 보니 성경책을 들고 설교하고 있는 얀 후스의 모습도 있었다. 흥미로운 사실은 후스의 그림 위에 "M. J. HUS 1369-1415"라고 새겨진 것과 활활 타오르는 불꽃이 표현되어 있는 것이었다.

[사진13] 후시네츠 거리의 건물 벽에 그려진 얀 후스 그림
후스의 탄생연도가 1369년으로 되어 있는 것이 인상적이다.

얀 후스가 태어난 후시네츠는 어떤 마을인가?

남 보헤미아 지역에 위치한 곳으로, 이 마을에 대한 기록은 AD 942년 보헤미아의 공작이 금광을 발견하기 위해 후시네츠 지역을 탐사했다는 기록이 처음이다. 1359년에 이 마을이 도시가 되었고, 14세기에 한 성이 건축되었으나 지금은 폐허만 남아 있다고 한다. 후시네츠 경제는 주로 무역에 의존했고, 1620년 백산전투 이후에 얀 후스와 그의 교훈을 따르던 많은 후시네츠 거주자들은 해외로 이주했다.[51] 이러한 역사적인 사실에도 불구하고 내 눈에 비친 후시네츠는 인적이 드문 작은 시골마을에 불과했다. 얀 후스가 어린 시절에 살았던 후시네츠 마을에 대해 사토 마사루는 다음과 같이 알려주고 있다.

> 14세기에 이 지역에 살던 체코인은 체코어와 독일어 2개 국어를 구사했는데 그렇기에 근대적인 민족 아이덴티티도 당연히 갖고 있지 않았다. 자기들은 체코어와 독일어를 할 줄 아는 그리스도교라는 것이 후스를 포함한 당시 이 지역 사람들의 평균적인 자기의식이었다. 유년 시절의 후스에 관한 기록은 거의 남아 있지 않다. 가톨릭교회가 이단파인 후스와 관련된 문서를 극력 인멸시키려 했기 때문이다. 후스의 부모는 아마도 농민이었을 것이다. 당시 귀족 중에서 대학교수나 신학자가 되는 사람이 많았던 데 비해 후스는 서민에서 잔다리밟아 올라간 격이다. 후스의 부친 이름은 미하일(Mikhail)로 아마도 후스가 청년이 되기 전에 죽은 것으로 추측된다. 소년 시절의 후스는 '미하일의 아들 얀'(Jan Michailuv)으로 불렸다고 한다. 그를 무척이나 귀여워했던 어머니는 후스에게 기도를 가르치는 일을 게을리하지 않았다. 형제자매가 있었던 것 같지만 자세히 소개된 바는 없다.[52]

얀 후스 동상이 서 있는 마을 중앙을 지나 위쪽으로 올라가 보았다. 거대한 예배당이 서 있었다. 예배당 입구는 커다란 자물쇠로 굳게 잠겨 있었다. 오전 11시경이었음에도 불구하고 거리를 오가는 사람은 거의 없었다. 도로를 따라 낡고 허름한 집들만 덩그러니 늘어서 있을 뿐이었다. 예배당 앞 게시판에 붙어있는 게시물을 유심히 보고 있는데 어디서 나타났는지 몸집이 커다란 검은 개 한마리가 다가와 킁킁거리며 냄새를 맡는다.

나는 오래 전 군 복무 시절 군대에서 키우던 개에 물린 적이 있어서 개에 대해 알레르기 반응이 있다. 그런 이유로 인해 갑자기 나타난 개를 보고 긴장하지 않을 수 없었다. 하지만 그 순간, 개 주인으로 보이는 청년이 나타나 위기를 모면할 수 있었다. 그가 개를 부르니 금방 꼬리를 흔들며 그를 따라갔다. 체코에서는 커다란 개에게 목줄도 하지 않은 채 데리고 다니는 경우를 가끔씩 볼 수 있었다. 여행객의 입장에서는 그런 개가 위협적이지만 어찌하랴. 스스로 조심하는 수밖에.

길을 따라 계속해서 동네 위로 올라갔다. 마을 끝자락에는 공동묘지가 있었다. 문을 통해 안으로 들어가니 무수하게 많은 각종 비석들이 넓은 공간에 가득 있었다. 대리석으로 된 비석에는 망자의 사진과 출생일시 그리고 사망일시가 새겨져 있었다. 사진들은 하나같이 미소를 짓고 있는 얼굴들이었고 건강할 때 찍어놓은 것들임을 금방 알 수 있었다. 잠시 비석들을 바라보며 상념에 잠겼다.

[사진14] 후시네츠 마을의 중심에 있는 얀 후스 동상
프라하광장에 있는 얀 후스 군상과는 사뭇 다른 모습으로 서 있다.

이들 모두는 가족의 환영과 기쁨 가운데 이 땅에 태어났을 것이다. 부모의 따뜻한 사랑을 받으며 꿈 많은 어린 시절을 보냈을 것이다. 모두들 젊음을 불태우던 시절이 있었을 것이고 결혼하여 가정을 꾸리고 자녀들을 낳아 키우면서 중장년기의 희로애락을 겪다가 세월이 흘러 노년기에 접어들었을 것이다. 그러다가 때가 되어 자녀들에게 유무형의 유산을 남기고 가족과 친구들의 애도 속에서 이 세상을 떠났을 것이다. 이들을 바라보면서, 나는 생각이 들었다.

'문득 이런 지금 내게 주어진 이 땅에서의 삶 가운데 어디쯤 와 있을까?'

이곳에서 나는 결국에는 모든 인간이 죽음의 관문을 통과해야 한다는 사실을 새삼 실감할 수 있었다.

얀 후스는 이 마을에서 태어난 것으로 알려져 있다. 14세기 당시 이 시골 마을 사람들은 대부분 농사일을 했던 것으로 추정한다. 후스의 부친 역시 농부로 추정된다는 것이 그를 연구하는 학자들의 견해인데, 만약 추정이 옳다면, 어린 시절의 후스 역시 아버지의 농사일을 도왔을 것이다. 신실한 신앙심을 가진 그의 모친은 어린 후스에게 기도생활을 가르쳤다. 이리하여 후스는 어린 시절부터 자연스럽게 하나님을 의지하는 신앙과 삶으로 인도되었다.

작열하는 햇볕이 내리쬐는 4월의 어느 날, 나는 인적이 드문 후시네츠 시골 마을의 도로변을 거닐면서 얀 후스의 어린 시절을 상상해 보았다. 친구들과 함께 이 거리를 뛰놀면서 내일의 꿈을 키웠던 어린 얀 후스가 보이는 듯했다. 유럽의 강대국들 틈바구니에 끼여서 수많은 고난과 역경을 이겨내고 오늘에까지 이른 체코, 그런 나라 체코의 이름 없는 작은 시골마을에서 태어난 가난하고 평범한 농부의 아들 얀 후스. 그는 중세 가톨릭의 엄청난 위세 앞에서도 굴복하지 않고 파문을

[사진15] 후시네츠 마을의 공동묘지 입구
마을 끝자락에 있는 공동묘지의 중앙에는 예배당이 있다.

당하고 순교를 당하면서도 끝까지 말씀의 진리를 외쳤고 교회 역사의 위대한 획을 긋는 인물이 되었다. 작은 마을 후시네츠는 너무나 평범하고 조용한 곳이어서 '과연 이곳에서 어떻게 기독교 역사의 걸출한 인물이 배출되었을까?'라는 생각이 들 정도였다.

## 후시네츠에서 프라하티체로

　체코의 시골길은 대부분 편도 1차선으로 되어 있다. 후시네츠에서 프라하티체까지 가는 길 역시 편도 1차선 시골길이다. 그런데 렌터카를 몰면서 가다 보니 이 길은 중앙선도 그어져 있지 않았다. 또한 도로 폭도 매우 좁아서 반대편 차선에서 차가 다가오면 자동적으로 신경이 곤두섰다. 운전하기에 여간 신경이 쓰이지 않는다. 하지만 모두들 익숙해서 그런지 이곳에서 운전하는 이들은 반대편에서 차가 다가와도 개의치 않고 빠른 속도로 내달렸다. 운전자들 모두가 이런 도로 상황에 익숙해져 있는 듯 보였다. 하지만 이곳 운전에 익숙하지 않은 운전자는 반대쪽 차선의 맞은편에서 위협적으로 다가오는 차가 있으면 반사적으로 발이 브레이크 위로 올라간다.
　프라하티체로 가는 길은 더더욱 정겹고 운치 있는 시골길이었다. 작은 마을 몇 군데를 지날 무렵 뒤에서 따라오던 자동차가 너무 바짝 다가와 붙었다. 마침 앞에 강이 보였다. 다리 입구로 진입하려다가 입구 바로 옆에 공간이 보여 그리로 들어갔다. 그러자 앓던 이를 뽑기라도 하듯 뒤차는 더욱 더 속도를 올려 빠르게 지나갔다. 시골길이라 도로를 오가는 차가 많지는 않았지만, 편도 1차선 도로인 관계로 앞차가 서행하면 빨리 가야 하는 뒤차 운전자는 조급증이 나기 마련이다.

다시 출발하려다가 창밖 풍경이 너무 좋아 시동을 끄고 차에서 내렸다. 다리 아래로 유유히 흐르는 강물을 바라보았다. 그 순간 이 길을 따라서 어린 얀 후스가 모친의 손을 잡고 프라하티체에 있는 학교까지 걸어 다녔던 당시의 모습이 머리를 스쳤다. 지금은 자동차로 약 20분밖에 걸리지 않는 거리지만, 도로 사정이 지금보다 훨씬 열악했던 14세기 후반 당시에는 걸어서 통학하기가 쉬운 일이 아니었을 것이다. 새벽 일찍 집에서 출발한다 해도 학교까지 족히 몇시간은 걸렸을 것이다.

당시 후스가 다니던 프라하티체에 소재한 학교에서는 주로 라틴어로 가르쳤고 당시의 일상 언어인 독일어와 체코어는 사용하지 않았다. 가난한 시골 출신의 어린 아들이 고급 언어인 라틴어를 배우고 학교에 다니는 모습을 바라보면서 후스의 부모는 어린 아들을 매우 자랑스럽게 여겼을 것이다. 지금 내가 서 있는 이곳 강어귀는 아마도 어린 후스가 모친과 함께 학교에 가다가 잠시 쉬었던 장소였을 수도 있다. 중세 가톨릭의 위협과 회유 속에서도 불의와 타협하지 않고 끝까지 진리의 길을 꿋꿋하게 걸어간 후스의 올곧은 마음은 아마도 어린 시절 이 길을 걸으면서 이미 그의 몸과 영혼 속에 깊이 스며든 것이 아니었을까 하는 생각이 들었다.

다시 자동차에 올라 시동을 걸고 다리를 건넜다. 코너를 돌아가는데 길가에 차량 두 대와 경찰차 한 대가 서 걸려 있었다. 그 옆에는 두 명의 경찰관이 운전자로 보이는 두 사람과 무언가 대화를 나누고 있었다. 접촉사고가 났는지, 아니면 다른 무슨 일이 발생했는지 알 수는 없었지만 아무튼 어떤 문제가 발생한 것 같았다.

다시 인적이 없는 산길로 접어들었다. 이전에 보지 못한 체코 특유의 아름다운 시골 풍경이 시야에 펼쳐졌다. 마침 뒤따라오는 차량도 없어서 서행을 했다. 지나치는 길가마다 흐드러지게 피어있는 이름 모를 꽃들과 잡초들, 그 주변에 우뚝 서 있는 나무 한 그루 한 그루의 가지들과 잎사귀들이 산들바람에 춤을 추고 있었다. 차창으로 스며드는 봄꽃의 향기가 시원한 바람과 함께 끊임없이 코끝을 자극했다. 내 언어로는 이 느낌을 제대로 표현할 길이 없어서 소설가 김훈의 표현을 빌려본다.

> 자전거를 저어서 나아갈 때 풍경은 흘러와 마음에 스민다. 스미는 풍경은 머무르지 않고 닥치고 스쳐서 불려가는데, 그때 풍경을 받아내는 것이 몸인지 마음인지 구별되지 않는다.[53]

그렇다. 운전대를 잡고 서행하면서 지나치는 풍경을 받아내는 것이 내 눈인지 코끝인지 설레는 마음인지 구별되지 않는다고밖에 말할 수 없다. 체코의 이름 모를 시골길을 달리면서 그렇게 나는 오랫동안 이국에서의 자연의 정취를 즐길 수 있었다. 빽빽하게 들어찬 수많은 건물들과 밀물 같은 인파로 가득한 프라하와는 비교할 수 없는, 그야말로 탁해진 영혼이 정화되는 시간이었다.

그것도 잠깐, 어느샌가 길가에 세워져 있는 표지판에 '프라하티체'라는 큼지막한 글자가 눈에 들어왔다. 드디어 프라하티체에 도착한 것이다. 프라하와 같은 대도시에 비할 바는 아니지만, 무언가 활기찬 전형적인 소도시의 모습이 눈에 들어왔다. 시내로 진입하면서 주변을 둘러보니 적막감이 감돌았던 후시네츠와는 완전히 다른 느낌이었다. 인적이 드물고 단순히 차도를 따라 낡은 집들이 늘어서 있는 시골마을 후시네츠와는 달리, 프라하티체는 성벽과 시청 그리고 역사적인 건물들 사이로 사람들이 거리를 활보하고 있었다. 그 옛날 후시네츠에 살았던 어린 후스가 왜 모친과 함께 이곳 프라하티체의 학교까지 통학을 했는지 그 이유를 알 것 같았다.

원래 프라하티체는 남 보헤미아의 대표적인 도시로, 무역의 시작과 함께 11세기에 황금가도(Golden lane)의 거점 도시로 형성되었다고 한다. 이 도시는 13세기에 소금을 보관할 권리를 획득했고, 이로 인해 프라하티체는 남 보헤미아에서 소금을 구입할 수 있는 유일한 도시로 자리매김했다. 15세기에 후스전쟁이 발발했을 당시 프라하티체는 두 번이나 후스파에 의해 공격을 당했고, 후스파에 의해 이 도시 대부분의 사람들이 죽임을 당했으며 결국 후스파가 이 도시를 정복했다. 전쟁이 끝난 이후였던 1436년 당시 프라하티체는 로얄 타운의 자격을 부여받았고, 그 이후 다른 역사적 과정을 거치면서 오늘에 이르렀다. 현재 프라하티체는 기계공학, 전자산업 및 목재업 등이 주류 산업이며, 또한 신산업지대가 건설되었다.[54]

자동차가 프라하티체 시내로 접어들었다. 프라하티체 시청 부근, 즉 구시가지 중심부에 위치한 파칸호텔(Parkan Hotel)을 찾아가야 했다. 한국에서 이곳의 호텔을 예약할 때 호텔 내에 주차장이 없다는 사실을 알고 있었다. 그래서 호텔 근처에서 주차장을 찾아야 했다. 물론 이 호텔을 예약할 때도 호텔의 위치를 우선적으로 고려하여 선택했다. 차가 시청 앞에 도착했다. 이미 시청 앞에는 많은 차들이 주차되어 있었다. 타보르에서도 경험했듯이, 이곳 프라하티체에서 시청 앞 구시가지 광장이 공영주차장으로 사용되고 있었다.

빈 자리가 보이지 않아 주차장을 한 바퀴 돌면서 빈 자리를 찾아보았다. 하지만 주차가 가능한 자리는 전혀 보이지 않았다. 혹시나 싶어 서행으로 한 바퀴 더 돌아보았다. 그러나 다른 차들이 꽉 차 있어서 빈 자리는 보이지 않았다. 순간 난감했다. 다른 방법이 없으면, 다른 주차장을 찾아 가야 할 판이었다. 그렇게 되면 상대적으로 호텔에서 멀리 떨어진 곳에 주차할 수밖에 없고 이곳을 돌아보는 데 있어서 여러모로 어려움을 겪을 것이라 예상되었다. 잠시 동안 어떻게 할까 생각하다가 곧바로 호텔 주소를 네비게이션에 입력했다. 일단 호텔에 가서 짐을 내린 후에 다른 주차장을 찾는 것이 나을 것이라는 판단이 들었기 때문이다.

입력한 네비게이션을 확인해 보니 예약한 호텔은 구시가지 광장 바로 옆에 있었다. 엑셀레이터를 밟았다. 체코의 어떤 도시에서나 그렇듯이 구시가지 광장과 인접해 있는 도로들은 대부분 중세 때부터 있었던 것들로, 차 한 대가 지나갈 정도의 좁은 도로도 흔히 있었다. 그럼에도 불구하고 모두들 이런 도로에 익숙해서 그런지 현지의 차들은 좁은 골목을 물 흐르듯 잘 빠져 나갔다.

네비게이션이 안내하는 대로 구시가지 광장 옆의 좁은 골목을 돌아 일방통행의 좁은 길로 진입했다. 그런데 바로 앞에 커다란 화물차가 떡하니 버티고 서 있었다. 화물차 운전자가 짐칸에서 짐을 내리고 있는 중이었다.

아마도 손님이 구입한 물건을 내리는 것 같았다. 화물차가 정차해 있는 도로 오른쪽에는 다른 승용차가 주차되어 있었다. 화물차가 이동해 주지 않는 한 다른 차들이 빠져나갈 수 없는 상황이었다. 뒤를 돌아보니 이미 차들이 여러 대 줄을 서 있었다. 기다리는 게 답답했던지 뒤에서 경적을 울리는 차도 있었다. 화물차 운전자가 상황을 파악하고 서두르는 모습이 보였다. 그는 짐을 내린 후 물건을 받은 사람에게 서명을 받은 후 다급하게 차에 올랐다. 화물차가 조금 앞쪽으로 이동해 주어 다른 차들이 지나갈 공간이 확보되었다.

[사진16] 프라하티체 시청사
벽에 그려진 다양한 그림들이 이채롭다.

[사진 17] 프라하티체 구시가지 광장의 분수대
저울과 칼을 든 여성의 입상이 분수대 가운데 서 있다.

## 얀 후스의 청소년 시절, 프라하티체

　화물차를 지나서 골목 하나를 돌아가니 곧바로 목적지가 보였다. 언뜻 보아도 객실 수가 적은 소규모의 전통 호텔이었다. 잠시 호텔 앞 빈 공간에 주차한 후 문을 열고 들어가니 또 문이 있었다. 두 번째 문의 손잡이를 돌리니 잠겨 있었다. 옆에 있는 벨을 누르자 안에서 중년 여성이 문을 열어 주었다. 호텔에 들어서니 작은 공간의 로비가 다소 어두침침했다. 하지만 통나무 여러 개가 길게 뻗어있는 인상적인 천정을 비롯해서 공간 전체의 고풍스런 분위기가 보는 이의 마음을 푸근하게 해 주었다.
　리셉션 데스크에서 여권과 신분증 그리고 예약한 서류를 내밀었다. 그런데 데스크에서 일을 보는 중년 여성은 시원시원하고 박력 넘치는 목소리의 소유자로 독일어를 구사했고, 몇 단어를 제외하고는 영어로 의사소통이 불가능했다. 하지만 크게 문제 될 것은 없었다. 기본적인 사항은 서로 눈치껏 알 수 있었기 때문이다. 나는 구시가지 광장에 있는 공용주차장 외에 다른 주차장이 어디 있느냐고 물어보았다. 친절하게도 그녀는 지금 세워놓은 호텔 앞 빈 공간에 그대로 주차해 놓아도 상관없다고 말했다. 그러면서 차를 약간 이동하는 것이 좋겠다고 해서 함께 호텔 입구로 나왔다. 그녀가 안내하는 대로 차를 호텔 벽 쪽으로 약간 더 붙여서 주차했다. 그리하여 주차 문제가 단숨에 해결되었다.

체코에서는 어디를 가든 주차 문제를 확실히 해야 한다. 주차장 이외의 장소에 대충 주차를 했다가는 거액의 벌금을 각오해야 하기 때문이다. 여행자의 입장에서 운전하던 차가 견인되면 문제가 복잡해진다. 그래서 어디를 가나 주차 문제를 신경 쓰지 않을 수 없다. 체코에서 주차 문제를 엄격히 다루는 이유는 도로 사정과도 연관이 있다고 여겨진다. 어느 도시를 가든 구시가지 광장 주변에는 중세시대부터 존재하던 집들과 건물들이 많이 있고 광장과 이어진 도로들은 대부분 차 한 대가 지나다닐 정도로 좁은 골목도 많이 있어서 한 대라도 교통법규를 지키지 않는다면 한순간에 교통이 마비될 수 있기 때문이다.

아무리 시골이라 해도 마을마다 공용주차장이 마련되어 있다. 특히 주차 문제와 교통 문제에 있어서는 상당한 준법정신을 요구하는 나라가 체코다. 사실 중세 때부터 내려오는 좁은 골목은 그 자체로 교통 흐름에 불편할 수 있다. 그러나 체코인들은 약간의 불편을 감수하고서라도 자신들의 역사와 문화를 잘 유지하고 보존하여 후세에 물려주는 것을 소중히 여기는 전통이 깊이 뿌리를 내리고 있는 것 같았다.

호텔의 2층 입구에 있는 방이 배정되었다. 엘리베이터가 없어 무거운 캐리어를 들고 2층 방으로 올라갔다. 문을 열고 들어가 보니 낡은 듯 고풍스런 분위기의 정겨운 방이었다. 여장을 풀고 몇 장의 사진을 찍었다. 벌써 오후 2시가 다 되었다. 호텔을 나와 식당을 찾았다. 구시가지 광장 쪽에 가려고 골목을 돌아가니 바로 앞에 베트남 식당이 있었다. 문을 열고 들어가 보니 작은 식료품점으로 베트남 음식도 테이크아웃으로 판매하고 있었다. 음식을 주문하러 왔다고 하니 주인 부부가 메뉴판을 보여주었다. 치킨이 들어간 면과 볶음밥 그리고 스프링 롤을 주문한 후에 의자에 앉아 기다렸다. 가게 내부의 이곳저곳을 살펴보다가 가게 입구 문 옆에서 눈길이 멈추었다. 거기에는 작은 불상이 차려져 있었고 불상 주변에는 꽃들이 장식되어 있었다.

이 식료품점의 부부는 어떻게 베트남에서 여기까지 왔을까?

1970년대와 80년대 당시 베트남의 패망과 함께 수백만의 보트피플(Boat People)의 일원으로 고국을 떠나 이곳까지 왔을까?

아니면 그런 보트피플의 자녀들로서 이곳에서 태어나 여기서 뿌리를 내린 것일까?

베트남계 사람들로서 체코의 한 중소도시에서 가게를 운영하고 있는 것을 보면 나름대로 안정적인 삶을 살고 있는 듯 보였다. 가게 입구에 차려 놓은 불상은 그 부부에게 이국땅에서의 고달픈 삶을 지탱해 주는 버팀목이 되는 듯 보였다. 기다리는 중에 다른 베트남인 한 명이 들어와 이런저런 대화를 나누다가 다시 가게 밖으로 나갔다.

한참을 기다린 후에야 비로소 주문한 음식이 나왔다. 테이크아웃 전문 가게인 고로 음식을 받아서 호텔로 돌아왔다. 체코에 온 이후로 한국 음식과 비슷한 음식은 처음 대했다. 얼큰한 국물이 있는 쌀국수는 아니지만 땅콩이 곁들여진 볶음면과 볶음밥은 그야말로 환상적인 맛이었다. 배불리 먹은 탓인지 곧 식곤증이 밀려왔다. 하지만 잠을 청했다가는 밤잠을 설칠 것 같아 곧장 밖으로 나갔다.

호텔에서 나와 골목을 두 번 돌아가니 곧바로 구시가지 광장이 나왔다. 광장 정면에는 기풍 있는 건물들이 늘어서 있었다. 가장 왼쪽에 있는 구시청사는 입구의 벽에 넘버 원(No.1)이라는 번호가 매겨져 있었다. 이 건물은 1570-1571년에 이탈리아 기술자가 르네상스 스타일로 건축했으며 건물의 전면은 대부분 법적인 것을 언급하는 모티프를 가진 명암법이라 불리는 벽화기술이 풍성하게 적용된 것이라는 설명이 있었다. 구시청사 1층에 인포메이션 센터가 있는 것을 보고 안으로 들어갔다. 영어로 된 관광 안내 리플릿을 받았지만 인터넷에서 찾은 정보와 별반 다른 게 없었다.

그곳을 나와 프라하티체에서 1순위로 방문해야 할 곳, '후스의 집'을 향했다. 이 집은 (정확한 연도는 알 수 없지만) 후스가 고향 후시네츠를 떠나 프라하티체에 와서 학교를 다닐 때 거주하던 집으로 알려져 있다.[55] 친절한 구글맵의 안내로 금방 '후스의 집'(Husus Dum)이라 표기된 건물을 찾았다. 알고 보니 그곳은 내가 묵던 호텔 바로 뒤 골목에 있었다. 입구의 문이 열려 있어 안으로 들어갔다. 로비에는 아무도 없었다. 왼쪽 벽에는 파티션들이 진열되어 있었고 거기에는 각종 행사를 알리는 포스터들과 행사와 관련된 인물사진들이 게시되어 있었다. 체코어로 되어 있어서 자세한 내용을 알 수는 없었지만 호기심이 발동해 사진과 글자를 번갈아 훑어보고 있었다. 앞쪽에서 문 여는 소리가 나서 고개를 돌렸다. 한 여성이 정면에 보이는 문을 열고 나오기에 다가가 물어보았다.

"여기가 후스의 집인가요?"
"예, 맞아요. 그런데 지금은 이곳이 공공도서관으로 사용되고 있어요."
"도서관 구경을 좀 할 수 있는가요?"
"물론이죠. 도서관은 2층에 있어요."

그녀의 친절한 안내로 좁은 계단을 따라 2층으로 올라갔다. 계단의 양쪽 벽에는 커다란 액자에 담긴 유명한 인물들의 사진이 전시되어 있었다. 한국에서도 유명한 소설가 댄 브라운과 움베르토 에코의 사진도 있었다. 2층으로 올라가니 몇몇 학생들이 정면에 보이는 문 안쪽에서 밖으로 나오고 있었다. 그들을 지나쳐 안으로 들어가니 데스크에 도서출납을 담당하는 할머니 사서가 앉아있었다. 둘러보니 배열된 책장에는 분류표에 따라 분류된 책들이 가지런히 꽂혀 있었다. 데스크에 앉아있는 할머니에게 물었다.

"영어로 된 책도 있나요?"

"아쉽지만 없어요!"

원래 후스가 살던 집을 개조해서 만든 도서관이라 여러 개의 방들이 있는 단순하고 작은 도서관이었다. 각 방마다 서너 명의 사람이 대출할 책을 찾고 있었다. 그 옛날 청소년기의 후스가 기거했던 집이 오랜 세월이 지나 이제는 이 도시의 사람들에게 지적 자양분을 제공해주는 도서관으로 사용되고 있다는 사실이 의미 있게 다가왔다. 어린 후스가 언제까지 고향 후시네츠에서 이곳 프라하티체에 있는 학교까지 통학을 했는지, 그리고 언제부터 프라하티체에 있는 이 집에서 기거했는지 알려진 바가 없다. 후스에 관한 자료를 보면 프라하대학에 입학하기 전까지 그는 이곳 프라하티체에서 학문의 기초를 닦았던 것만큼은 분명한 사실이다.

[사진 18] 프라하티체에 있는 '후스의 집'
후스가 청소년 시절을 보낸 집으로 지금은 공공도서관으로 사용되고 있다.

[사진19] 프라하티체의 성 야고보 성당
얀 후스가 청소년 시절에 이 성당을 다녔던 것으로 추정된다.

후스의 집을 나와 광장 바로 옆에 있는 성야고보교회(Dean Church of St. James The Greater, The Apostle)에 갔다. 이 교회의 건축은 프라하티체 도시가 형성될 때 시작되었으나, 후스전쟁 시기에 중단되었다가 1513년에 고딕 양식으로 완성되었다. 예배당 안에 있는 세 개의 작은 예배처소는 남 보헤미아에서 가장 잘 알려진 성스러운 건물들 가운데 속한다. 탑의 윗부분은 1832년에 화재로 소실되었지만 재건축 이후에 현재 형태로 그 모양을 바꾸었다. 현재 옆에 있는 채플은 프라하티체 출신의 성 요한 뉴만(St. John N. Newmann)에게 봉헌된 것이다.[56]

후스의 집에서 골목 하나를 사이에 두고 있는 이 예배당은 1359년 당시에도 존재하고 있던 것으로 보아 후스가 학창 시절에 이 예배당에 다녔을 것으로 짐작되었다. 어린 시절부터 성직자가 되겠다는 꿈을 갖고 있었던 후스는 자연스레 이 교회에 출석했을 것이다. 도시의 규모에 비하면 예배당의 규모는 매우 장엄하고 거대했다. 예배당 안으로 들어가 보니 프라하에 있는 여느 교회들에 비해서도 손색없이 화려한 내부를 자랑하고 있었다. 건물을 받치고 있는 열주들과 각종 성상들이 즐비하게 늘어서 있었고 천정에는 화려한 벽화가 그려져 있었다. 예배당 내부의 화려하고 엄숙한 공간은 내부에 들어온 사람들이 자연스럽게 신적 권위에 압도될 수 있는 조건을 갖추고 있었다.

몇몇 사람들이 물걸레를 들고 예배당 내부를 청소하고 있었다. 한두 사람과 눈인사를 하고 예배당 내부 이곳저곳을 핸드폰에 담았다. 종교가 사회의 모든 영역을 압도적으로 지배했던 중세시대에 후스는 이 성당을 다니면서 성공적이고 화려한 성직자의 꿈을 꾸었을 것이다. 후스에 관한 저술들에 따르면 후스는 나중에 '화려하고 성공적인 성직자의 삶을 추구했다'고 반성하는 고백을 한다. 농사꾼의 아들로 태어나 찢어지게 가난한 어린 시절을 보내던 시골뜨기 소년의 입장에서 중세 당시에 종교 권력과 명예와 재물을 거머쥐고 있던 성직자의 모습에 매료되지 않을 수 없었을 것이다. 그럼에도 불구하고 그의 프라하티체 시절은 후스가 지성적인 사고를 할 수 있는 기초를 닦았던 기간이었고 나중에 라틴어 성경을 체코어로 번역할 수 있을 정도로 라틴어 실력을 쌓는 좋은 기회가 되었다. 후스는 이곳 프라하티체의 학교에서 약 10년간 공부한 것으로 알려져 있다.[57]

예배당 밖으로 나왔다. 바로 옆에는 구시가지의 성벽을 따라 공원이 조성되어 있었다. 따사로운 햇살이 비치는 평화로운 공원에는 이따금씩 아기와 함께 온 엄마와 연인들이 눈에 띄었다. 공원에서도 하늘 높이 솟은 성야고보교회 예배당의 위용을 볼 수 있었다. 공원길을 따라 들어가면서 성벽의 밖을 볼 수 있도록 성벽에 여러 개의 구멍이 뚫려 있었다. 성벽 밖으로는 현대식 건물들이 늘어서 있었다. 구멍들은 전쟁을 하던 당시 외부에서 다가오는 적들을 쉽게 알아보고 대응하는 용도임을 알 수 있었다.

구시가지의 이곳저곳을 돌아보았다. 거리마다 각종 박물관과 양품점, 선물가게, 음식점 등 다양한 가게들이 촘촘히 자리잡고 있었다. 프라하에서처럼 많은 여행객은 눈에 띄지 않았지만 이따금씩 주변나라에서 온 것처럼 보이는 여행객들이 백팩을 짊어진 채 구시가지 이곳저곳을 돌아다니고 있었다. 타보르에서도 느꼈지만 이곳 프라하티체 역시 전통적인 유적을 잘 보존하고 있었고 전체적으로 깨끗한 이미지의 도시라는 느낌을 받았다. 프라하티체의 구시가지 골목길을 돌아보면서 이곳 사람들이 느긋하고 평화롭게 일상을 즐기고 있음을 확인할 수 있었다. 늘 무언가에 쫓기듯 바쁜 나날을 보내고 있는 우리의 모습과는 대조적이었다. 그 옛날 후스전쟁 당시에 대부분의 사람들이 목숨을 잃었던 피의 장소가 바로 이곳 프라하티체라는 사실이 믿기지 않을 정도였다.

표면적으로 드러나 있지는 않지만 워낙 작은 규모의 구시가지여서 골목마다 어린 후스의 체취가 묻어있지 않은 곳이 없을 것이라 생각되었다. 골목길을 걸어가다가 앞에서 자동차가 오면 잠시 옆으로 비켜섰다가 지나가면 다시 걸어가는 것이 이곳 사람들에게는 너무나 자연스런 일이었다. 좁은 골목길 양쪽에서 자동차가 마주치면 한쪽의 차가 알아서 옆으로 피해주어 마주친 차가 지나가도록 기다려 주는 것도 몸에 배여 있었다. 그래서인지 아무리 작은 골목길에서도 양쪽에서 달려오는 자동차 운전자들이 서로 얼굴을 붉히는 경우는 볼 수 없었다.

구시가지 이곳저곳을 돌아본 후에 다시 광장으로 돌아왔다. 광장 카페에서 커피와 아이스크림을 주문하고 햇볕이 잘 드는 테라스에 앉았다. 테라스 옆 의자에 앉아있는 중년 부인들이 얼굴에 미소를 띤 채 무언가 대화를 나누고 있었다. 아이스크림의 달콤한 맛을 혀끝으로 느끼면서 한가하게 광장을 오가는 사람들의 모습이 보였다.

잠시 후 카페 옆에 있는 작은 마켓에 들렀다. 먹을거리를 골라서 계산을 하려는데 마켓의 점원이 어디서 왔느냐고 묻는다. 한국에서 왔다고 하니, 다시금 "북한? 아니면 남한?"이라 물어본다. 남한에서 왔다고 하니 반가운 기색이었다. "당신은 어디서 왔냐?"고 점원에게 물었더니 자신은 베트남 출신이라 한다. 최근까지 근처에 있는 펍(pub)에서 일하다가 지금은 이 마켓에서 점원으로 일하고 있단다. 아마도 최근에 베트남의 국가대표팀 축구감독으로 활약하는 박항서 감독 때문인지 모르겠지만 그는 한국에 대해 좋은 인상을 갖고 있었다.

## 중세도시의 원형, 체스키크룸로프

프라하티체의 둘째 날 아침이 밝았다. 아침식사를 하고 짐을 정리한 후 1층으로 내려왔다. 리셉션 데스크에는 어제와는 다른 중년 여성이 앉아 있었다. 호텔의 리셉션 데스크를 지키는 사람이 젊은이가 아니라 중년여성이라는 점이 특이했다. 숙박비용을 지불하기 위해 카드를 내밀었다. 그러자 카드결재는 안되고 현금결재만 가능하다고 말한다. 현금을 사용할 데가 있을 것 같아 아껴 두었건만 할 수 없이 준비해 간 유로화로 결재했다. 청소년 시절의 얀 후스가 학교와 예배당을 다니면서 미래를 꿈꾸며 친구들과 함께 거닐었던 마을 프라하티체. 도시라기보다는 시골풍에 더 가까운 정겨운 분위기의 이곳을 뒤로 하고 나는 다시 핸들을 잡고 다음 목적지 체스키크룸로프로 향했다.

체스키크룸로프(Cesky Krumlov)는 중세의 모습을 그대로 간직하고 있는 도시로, 1992년 도시 전체가 유네스코 세계문화유산에 등록된 곳이다. 그 유명세로 인해 체코 여행을 하는 사람들은 프라하를 거쳐 이곳에 들르는 것이 일반적인 경우가 되었다. 그곳이 나에게 새로운 흥분과 감동을 선사하리라는 기대를 갖고 네비게이션의 안내에 따라 엑셀레이터를 힘차게 밟았다. 체스키크룸로프로 가는 길은 지금까지 거쳐 온 길과 별반 다르지 않았다. 그러나 차창으로 보이는 풍광만큼은 이전에 오던 길과는 미묘하게 다른 느낌이었다. 미지의 세계로 더 깊이 빨려 들어가는 기분이랄까?

나는 시골길의 정겨움을 만끽하고자 창문을 내리고 서행했다. 맑고 시원한 바람이 얼굴을 스치면서 온 몸을 휘감은 뒤 재빨리 뒤로 사라져 버렸다.

시골길은 모두 편도 일차선 도로로 되어 있다. 언제 다가왔던지 뒤차가 너무 바짝 붙어 따라왔다. 여기서 운전을 하면서 이미 여러 번 이런 경우를 경험했지만 매번 신경이 쓰인다. 조금 더 속도를 내어 달리다가 추월차선이 있는 구간이 나오면 곧바로 2차선으로 피해준다. 그러면 마음 급한 뒤차는 쏜살같이 앞으로 질주한다.

패키지여행과는 달리, 여행자가 손수 운전하는 자동차 여행은 운전자에게 상당한 자유를 준다. 어디든 마음 내키는 대로 쉬었다 갈 수 있고 갑자기 일정을 바꾸어도 무방하다. 쫓기듯 하는 여행과는 달리 누구의 간섭도 받지 않고 느긋한 마음으로 즐길 수 있다. 물론 여행을 떠나기 전 철저한 준비가 요구된다. 렌터카 예약을 비롯해서 국제운전면허증 발급에다 전체 여행 코스를 짜는 데 상당한 시간을 소비해야 한다. 그뿐 아니라 각 구간마다 숙박할 호텔도 미리 예약해야 하고 각 구간 사이의 거리를 측정해서 스스로의 몸 상태를 염두에 두고 하루 동안의 운전시간도 미리 계산해 놓아야 한다.

그러나 어느 정도의 준비만 하면 직접 운전하는 자동차 여행은 상당한 매력으로 다가온다. 내 경우에는 여행 경로 가운데 일반차량으로 갈 수 없는 곳들도 포함되어 있고 또 무거운 캐리어를 갖고 가야 해서 직접 운전하는 자동차 여행을 선택했다. 시간이 지날수록 탁월한 선택이었음을 알게 되었다.

드넓게 펼쳐진 시골길을 달리면서 자연의 풍광을 즐기려면 서행운전이 필수적이다. 도보여행뿐 아니라 자동차 여행에서도 느림의 미학은 그대로 적용된다. 서울에서 담임목회를 하던 시절, 베르나르 올리비에가 터키의 이스탄불에서 중국의 시안까지 도보여행의 내용을 담은 자전적 여행기『나는 걷는다』1, 2, 3권 모두를 꼼꼼하게 읽은 적이 있다. 그 이후로 나는 도보여행에 대한 로망이 생겼다.

하지만 학교에 온 이후로 제한된 시간과 여러 가지 다른 여건으로 인해 도보여행의 기쁨을 제대로 누리지 못했다. 이번 체코에서의 여행을 준비하면서도 도보여행으로 얀 후스의 흔적을 따라가 볼까도 생각했지만, 도저히 엄두가 나지 않았다. 일단 2주간의 기간 동안 도보여행으로 얀 후스의 역사가 담긴 지역들을 돌아보는 것은 한계가 있기 때문이다. 그나마 직접 운전하는 자동차 여행은 대중교통을 이용하는 여행이나 패키지여행과는 질적으로 다른 여행의 묘미를 경험할 수 있었다.

나는 느긋하게 차창가의 풍광을 온 몸으로 즐기면서 여유 있게 시골길을 헤쳐 나갔다. 한참을 달렸다. 쉬어갈 요량으로 이름 모를 어떤 마을에서 잠시 자동차를 세웠다. 작은 마을 어귀에는 엄청 큰 규모의 예배당이 서 있었다. 예배당 주변에는 공사하는 인부들의 모습이 보였다. 그들은 뜨거운 햇볕 아래 땀을 흘리며 일하고 있었다. 마을 쪽으로 발걸음을 옮겼다. 한낮임에도 불구하고 지나다니는 사람은 거의 보이지 않았다. 너무나 조용해 적막감이 들 정도였다. 마을 지도가 담겨 있는 입간판이 눈에 들어왔다. 츠발시니(Chvalsiny)라는 단어도 눈에 들어왔다. 그건 그 동네의 이름이었다.

예배당 쪽으로 가 보았다. 예배당의 외관을 둘러보면서 '이렇게 작은 규모의 마을에 어떻게 이렇게 큰 규모의 예배당이 세워져 있을까?'라는 생각이 들었다. 거대한 규모에 비해 예배당의 보존 상태는 매우 열악했다. 예배당의 높은 탑은 과거 이 예배당의 위상을 말해주는 듯했지만, 탑의 윗부분에 있는 시계는 낡아서 녹이 슬어 있었고, 외벽과 스테인드글라스 그리고 크고 작은 문들 모두가 낡아서 거의 방치되고 있는 듯한 느낌을 받았다. 하나같이 잘 보존되어 있던 프라하와 타보르 그리고 프라하티체에서 보았던 예배당들과는 완전히 다른 느낌이었다. 예배당 입구의 커다란 문은 커다란 자물쇠로 굳게 잠겨 있었다.

아마도 이 예배당은 오랜 세월 동안 마을 사람들의 영적 안식처 역할을 했을 것이다. 마을 규모에 비해 예배당 규모의 거대함은 마을 사람들을 정신적으로, 영적으로 지배하는 강력한 권위의 상징이었을 것으로 추측된다. 녹이 슬고 낡은 거대한 규모의 예배당은 그 자체로 중세 가톨릭의 부정부패와 그로 인한 민초들의 영적 기갈을 상징하고 있는 듯 보였다.

원래 종교는 사람을 위해 존재한다. 그런데 시간이 지날수록 사람이 종교를 위해 존재하는 양 변화된다. 성경의 메시지도 이와 동일하다. 예수님은 사람들을 위해 이 땅에 오셨다. 그런데 언제부터인가 예수님의 뒤를 따라간다는 그리스도인들은 사람들을 위한 삶을 사는 데 별 관심이 없다. 오히려 예배당이라는 눈에 보이는 공간을 우상으로 만드는 데 심혈을 기울인다. 결국 이런 모습은 주객이 전도된 모습이요, 종교의 본질을 상실한 이 시대의 종교, 아니 이 시대 한국교회의 서글픈 자화상이라면 지나친 말일까?

다음 일정 관계로 우연히 들렀던 츠발시니 마을을 떠나야 했다. 이번 일정에서 체스키크룸로프는 얀 후스와 직접적으로 연관이 있는 장소는 아니다. 보통 동유럽 여행을 하는 이들은 주로 체코의 프라하와 체스키크룸로프를 거쳐 헝가리의 부다페스트나 오스트리아의 비엔나로 넘어간다. 그만큼 체스키크룸로프는 중세 도시로서뿐 아니라 체코 주변의 다른 나라로 가는 관문 역할을 하는 곳이기도 하다. 또한 이곳은 얀 후스가 살았던 중세 당시 체코의 역사와 문화를 가장 잘 보존하고 있는 도시다. 그래서 후스가 살던 당시를 직간접적으로 보다 생생하게 접할 수 있는 도시 체스키크룸로프를 이번 일정에 포함시켰다. 체스키크룸로프의 역사를 간략히 소개하면 다음과 같다.

> 1250년에 남 보헤미아의 영주 크룸로프가 고딕 양식의 성을 짓기 시작하면서 마을이 형성되었다. 크룸로프가 사망한 후 1302년부터 그의 친척 로젠버그(Rosenberg)가 성을 상속받아 다스렸고, 1602년 오스트리아의 합스부르크 왕가의 루돌프 2세의 지배를 받으며 에겐베르크(Eggenberg)가 성을 다스리게 된다. 그 후 1680년 크루물로브(Jan Christina) 공에 의해 화려한 바로크 양식의 건축물이 들어서며, 1719년 슈바르젠베르크(Schwarzenberg)에 의해 로코코 양식이 새로 가미되어 현재의 모습을 갖추게 되었다.[58]

체스키크룸로프는 도시 전체가 유네스코 관광지역에 등재되어 있는 도시로서 그만큼 굴곡이 심한 체코의 역사 가운데서도 외세의 영향을 덜 받았던 관계로 도시 전체가 중세의 모습을 그대로 간직하고 있다. 그로 인해 역사적 문화적 가치가 충분히 남아 있는 곳으로 알려져 있다.

한참을 달렸다. 앞에서 체스키크룸로프를 가리키는 안내판이 눈에 들어왔다. 운전 시간만으로 본다면 프라하티체에서 출발한지 약 45분 정도밖에 걸리지 않았다. 도시 입구에 진입하면서 지금까지 방문했던 도시들과는 다른 분위기를 느낄 수 있었다. 네비게이션이 인도하는 대로 따라가 쉽게 목적지인 호텔 앞에 도착했다. 프라하티체에서 묵었던 호텔처럼 이 호텔 역시 작고 소박한 분위기의 민박집 같은 느낌이 들었다.

## 남 보헤미아의 자랑, 체스키크룸로프 성

　잠시 호텔 앞에 주차한 후 초인종을 눌렀다. 문이 열리더니 한 여성이 호텔 리셉션으로 안내해 주었다. 체크인을 마치고 주차 장소를 문의하니 그녀는 1일 8유로에 호텔 옆 주차공간을 사용할 수 있다고 안내해 주었다. 프라하티체에서는 호텔 입구에 있는 빈 공간에 무료주차를 할 수 있었다. 하지만 체스키크룸로프는 유명한 관광지여서 그런지 호텔 옆 공간을 이용할 시 요금을 지불해야 했다. 호텔에서 떨어진 곳에 보다 싼 비용으로 이용할 수 있는 공용주차장이 있었지만, 호텔 입구의 옆 공간에 주차하는 것이 더 편리할 것 같았다. 그곳에 주차한 후 호텔 리셉션을 지키는 여성이 비표를 주어 운전석 앞 보드 위에 올려 놓았다.

　숙박할 방은 2층에 있었다. 좁은 계단을 올라가니 왼편에 방 호실 번호가 보였고 바로 옆에 식당이 있었다. 문을 열고 들어가니 고풍스런 분위기의 나무로 된 침대와 가구가 가지런히 놓여 있었다. 침대 위에는 파란색의 이불과 베개 그리고 큰 타월과 작은 타월이 보기 좋게 놓여 있었다. 창문을 통해 햇살이 밝게 비춰고 있었다. 양쪽 창문의 커튼을 젖히니 삼삼오오 여행객들이 지나가는 모습이 눈에 들어왔다.

한국에서 이 호텔을 예약한 이유가 있다. 다른 호텔에 비해 약간 더 고비용을 지불해야 하지만, 이 호텔이 체스키크룸로프 관광을 위한 최적의 장소에 위치해 있다고 생각했기 때문이다.

짐을 풀고 백팩을 짊어진 후 민박집과 같은 정겨운 분위기의 호텔을 빠져나왔다. 일단 구시가지 광장을 향했다. 체코의 다른 도시들처럼 이곳에서도 구시가지 광장에 있는 인포메이션 센터에 들러야 좋은 정보를 얻을 수 있어서였다. 구글맵을 따라가니 거리 양쪽에 기념품 가게들과 식당들이 빼곡하게 들어서 있었다. 관광 시즌이 아님에도 불구하고 이미 거리에는 여행객들이 바쁘게 발걸음을 옮기고 있었다.

구시가지 입구로 들어가는 작은 다리 옆 좌우에는 아름다운 주황색 지붕들이 예술적인 모습으로 펼쳐져 있었다. 다리를 지나니 오른쪽에 있는 박물관에서 특별전을 하고 있었고 그 옆에 작은 정원처럼 꾸며진 공간에 여러 사람들이 모여 있었다. 사진 찍기에 좋은 장소였다. 저마다 최고의 장면을 담기 위해 아름다운 주황색 지붕들을 배경으로 포즈를 취하고 있었다. 그곳을 나와 골목길을 따라 걸어갔다. 골목 좌우에는 중세의 모습을 그대로 간직한 크고 작은 가게들과 식당들이 늘어서 있었다. 왼편에 비투스성당이 눈에 들어왔다.

비투스성당은 계단 위 높은 곳에 위치하고 있었다. 비투스성당은 프라하의 프라하 성 내부에 있는 성당과 같은 이름의 성당이다. 사람들을 따라 성당 안으로 들어갔다. 체코의 여느 성당들처럼 화려한 장식과 각종 성상들이 예배당 전체를 메우고 있었다. 어떤 이들은 입구에 있는 성수에 손을 담근 후 성호를 그리며 예를 표하고 있었고, 다른 이들은 회중석에 무릎을 꿇고 앉아 기도를 하고 있었다.

성당 뒤쪽 2층에는 거대한 파이프오르간이 그 위용을 자랑하고 있었다. 이 성당은 너무 오래되어서 건축된 이후로 낡은 곳을 여러 차례 보수하는 공사를 진행한 것으로 알려져 있다. 실제로 성당의 열주들을 가까이에서 보니 보수공사를 한 흔적이 있었다. 성당을 나올 때 보니 성당 입구에 성수가 담긴 그릇이 매달려 있었고, 묵직한 돌에 긴 꺾쇠모양의 쇠로 된 뚜껑이 자물쇠로 채워져 있는 헌금함도 놓여 있었다. 헌금함 위에는 한글을 포함하여 각 나라 언어로 성당의 보수공사를 하기 위한 모금 안내문이 적혀 있었다.

성당을 나오자 금방 스보르노스티 광장이 눈앞에 나타났다. 이 광장은 체스키크룸로프의 시 청사가 있는 도시 중앙에 있는 광장으로 여행객들에게도 아늑한 분위기를 제공해 주었다. 이미 광장은 많은 사람들로 북적이고 있었다. 그럼에도 불구하고 광장에서 인포메이션 센터를 찾는 것은 그리 어렵지 않았다. 곧장 인포메이션 센터에 들어갔다. 아쉽게도 리플릿 한두 장 외에는 딱히 관광에 도움이 될 만한 무엇을 발견할 수 없었다. 나중에 알게 된 사실은 체스키크룸로프가 소도시여서 구체적인 설명서의 도움을 받을 필요를 느끼지 못한다는 것이었다.

인포메이션 센터를 나오니 패키지여행으로 온 많은 사람들이 광장을 통과해서 체스키크룸로프 성을 향해 걸어가고 있는 것이 보였다. 무리의 뒤를 따라갔다. 조금 걸어가니 이 도시에서 유명한 '이발사의 다리'가 나왔다.

왜 이 다리에 '이발사의 다리'라는 이름이 붙여졌을까?

전설에 의하면 옛날 체스키크룸로프를 다스리던 왕 루돌프 2세의 아들과 이 마을의 이발사 딸이 결혼을 했다고 한다. 그런데 정신병을 앓던 루돌프 2세의 아들이 자기 아내인 이발사의 딸을 살해했다. 누가 자기 며느리를 죽였는지 모르는 루돌프 2세는 마을 사람들을 추궁하면서 자기 며느리를 살해한 범인이 나올 때까지 마을사람들을 차례로 죽이겠다고 협박한다. 그러자 자기 딸 대신 이발사가 거짓으로 자수를 하여 죽임을 당했고, 이를 기리기 위해 마을 사람들이 다리를 놓아 이발사의 다리가 되었다고 한다. 딸의 안전을 위해 자신의 목숨까지 바친 아버지의 사랑을 엿볼 수 있는 슬픈 이야기이다.

이런 전설을 간직하고 있는 이발사의 다리 위에는 두 명의 악사가 악기 연주에 맞추어 노래를 부르고 있었다. 몇 명을 제외하고는 여행객들이 악사의 노래에 별 관심이 없는 듯 모두들 블타바 강과 성을 배경으로 하는 사진 찍기에 몰두하고 있었다. 프라하의 카를교에는 비할 바가 못되지만, 이발사의 다리 위에서도 카를교에서 보았던 익숙한 성상을 볼 수 있었다. 바로 네포무츠키 신부의 동상이었다.

왕비의 고해성사 내용을 실토하라는 왕의 명령에도 성직자의 양심을 갖고 이를 발설하지 않음으로 결국 비참하게 목숨을 잃은 이 중세의 성직자는 이곳 체스키크룸로프에 있는 이발사의 다리에서도 많은 사람들에 소원을 비는 대상으로 우뚝 서 있었다. 체스키크룸로프가 강을 생활의 방편으로 사용하고 있어서, 사람들은 그를 마을에 물로 인한 피해가 없도록 물의 수호성인으로 여기고 있었다. 이처럼 네포무츠키 신부는 살아있을 때 보다는 죽은 이후에 더 큰 영향을 미치고 있었다.

이발사의 다리를 지나니 길 양쪽에 온통 가게들로 빼곡이 들어차 있었다. 간간히 차가 지나갈 때면 모두들 길가로 비켜 서야 했다. 차가 지나간 뒤에는 다시 아무 일 없었다는 듯 모두들 자연스럽게 길의 중앙으로 몰렸다.

체코의 몇몇 도시를 방문하면서 몇 가지 특징을 발견할 수 있었다. 첫째, 각 도시의 구시가지 중앙에는 광장이 있고 그 광장은 여러 용도로 사용되고 있다는 점, 둘째, 많은 도시들이 중세시대부터 있었고 당시 현대적인 도시 계획을 하기 이전의 환경이어서 도시의 광장과 연결된 도로는 대부분 좁은 길이라는 점, 셋째, 사람들은 구도심을 완전히 없애지 않고 잘 보존하여 관광 상품화 하고 있다는 점 등이다. 특히 체코의 도시들에 있는 구시가지마다 일방통행 길이 많고 차도와 인도가 명확하게 구분되어 있지 않은 경우도 흔히 볼 수 있었다. 분명 불편한 점이 있음에도 불구하고, 그들은 구시가지의 광장과 골목길을 확장하지 않고 중세로부터 내려온 자신들의 전통으로 여겨 자발적으로 그 불편을 즐기고 있는 것 같았다.

언덕을 올라가니 체스키크룸로프 성 입구가 나왔다. 이 성은 체코에서 두 번째로 큰 성으로 장엄한 위용을 자랑하고 있었다. 블타바 강이 구시가지 마을을 휘감아 돌아가는 모양으로 흐르고 있는 것과 달리, 다소 높은 지형에 있는 체스키크룸로프 성은 그야말로 난공불락의 천연요새라 해도 과언이 아닐 듯했다. 무리를 따라 성 안으로 들어갔다. 오늘은 성 전체를 대충 훑어본 후에 내일 다시 와서 성의 내부를 면밀히 살펴볼 계획이었다.

굳이 내부로 들어가지 않아도 성은 여러 건물들이 겹겹이 연결되어 있는 거대한 규모임을 알 수 있었다. 옛날에 여러 용도로 사용되었던 지하동굴은 이제 미술전시관으로 사용되고 있었다. 성 안쪽으로 걸어가니 여러 가지 다양한 양식의 건물과 벽화가 이어져 있는 것을 볼 수 있었다. 성의 끝부분에는 '망토다리'라고 불리는 3층으로 된 아치 모양의 다리가 있었다. 다리 아래로 보이는 마을 전경은 그야말로 환상적이었다. 탁 트인 시야에 강과 성당을 포함하여 구시가지 전체가 한눈에 들어왔다. 블타바 강과 비투스성당을 중심으로 마을의 집들 전체가 주황색 지붕들로 뒤덮여 있었다. 이 전경을 놓치지 않기 위해 많은 여행객들이 핸드폰 카메라 셔터를 눌러대기에 바빴다.

망토 다리를 지나 성의 뒤쪽으로 올라가는 길로 접어들었다. 날씨가 좋아서인지 걷기에 그리 힘들지는 않았다. 여러 무리의 여행객들이 길을 따라 올라가고 있었다. 좌측으로 돌아가니 넓은 정원이 펼쳐져 있었다. 정원 중앙에는 사람들의 이목을 끄는 다양한 모양의 형상들로 채워진 분수대가 자리잡고 있었다. 그리스 로마 신화에 등장하는 신들로 보이는 석상들에서 물이 힘차게 뿜어져 나와 신비감을 더해 졌다. 넓은 정원 전체를 한눈에 감상할 수 있도록 1인용 전망대가 설치되어 있었다. 전망대에 올라서니 정원의 전경이 한눈에 들어왔다.

성의 외곽을 따라 내려오면서 오른쪽에 펼쳐져 있는 구시가지의 주황색 지붕들이 점점 더 가깝게 눈에 들어왔다. 배가 출출해졌다. 시계를 보니 벌써 점심때가 되었다. 성에서 내려와 이발사의 다리 아래, 블타바 강 옆에 있는 식당으로 발길을 옮겼다. 웨이터가 안내해 준 자리에 앉으니 메뉴판을 건네주었다. 잠깐 훑어본 후에 프라하에서 먹어 본 꼴레뉴를 주문했다. 식당에 앉아 있는 여행객들은 모두들 마음의 여유가 있는 듯 느긋하게 보였다. 원래부터 그렇게 마음의 여유가 있는 사람들이라기보다는 여행이 그들에게 그런 마음의 여유를 선사한 듯 보였다.

한참을 기다렸다. 미소를 지으며 웨이터가 다가왔다. 그는 돼지무릎 뼈에 살코기가 듬뿍 붙어있는 엄청난 크기의 꼴레뉴와 몇 가지 소스가 담긴 접시를 식탁 위에 내려놓았다. 일단 꼴레뉴 크기가 장난이 아니었다. 배가 고파서 순식간에 먹방 모드로 전환하여 나이프와 포크로 꼴레뉴를 자르기 시작했다.(껍질 부분도 예상 외로 부드럽게 익어 있었다.

껍질에 붙어있는 비계를 제거하고 껍질만 남겼다.) 포크와 나이프를 사용해 살코기 한 점과 돼지껍질을 겨자소스에 발라 맛을 보았다. 단연 '원더풀!'이었다. 껍질이 너무 단단하게 익어 있었던 프라하의 꼴레뉴와는 차원이 달랐다. 고기의 맛과 직원의 서비스에 가격까지 어느 것 하나 나무랄 게 없었다.

식사 후 호텔로 돌아와 휴식을 취했다. 잠깐 누웠는데 일어나 보니 벌써 늦은 오후가 되어 있었다. 다시 호텔을 나와 블타바 강변으로 발길을 옮겼다. 구시가지 광장 옆 골목에 늘어선 소품 가게들마다 지나가는 여행객의 눈길을 사로잡고 있었다. 젊은 여행객들은 핸드폰으로 셀카를 찍느라 바쁜 모습이었고, 황혼의 노년 여행객들은 느긋한 시선으로 낯선 중세도시의 골목 이곳저곳을 음미하고 있었다.

저녁 무렵 블타바 강변은 나름 운치가 있었다. 강둑에 가지런히 놓여 있는 벤치에는 친구들로 보이는 두세 명의 청춘들이 앉아서 담소를 나누고 있었다. 연인으로 보이는 커플도 벤치 한 칸을 차지해 무언가를 속삭이고 있었다. 해질 무렵 석양은 블타바 강을 온통 붉게 물들이고 있었다. 한참 동안이나 흘러가는 강물과 석양을 바라보면서 중세도시의 아름다움을 눈에 담았다.

프라하티체에서 공부를 하던 청소년 시절, 얀 후스가 이곳 체스키크룸로프에도 다녀가지 않았을까 상상해 보았다. 만약 그가 여기 왔다면 당연히 비투스성당이나 체스키크룸로프 성뿐 아니라 이곳 블타바 강변을 붉게 물들이는 석양 또한 경험했을 것이다.

얀 후스는 이곳 체스키크룸로프를 어떤 도시로 기억하고 있었을까?

보헤미아의 왕과 신성로마제국의 황제로 대표되는 세속권력과 로마 가톨릭이라는 종교권력이 사회의 모든 영역을 지배하던 14세기 후반 당시에, 청소년 얀 후스는 성직자라는 성공한 인생에 매료되어 있던 평범한 한 아이에 불과했을 것이다. 후에 후스는 한때 자신이 성직자의 부와 권력을 추구했던 부끄러운 죄인이었음을 이렇게 고백했다.

> 나는 자신의 악한 욕망 때문에 어렸을 때 빨리 사제가 되어 좋은 집에 살며 화려한 옷을 입고 사람들의 존경을 받으려고 했다. 그러나 성경을 알게 되면서 그것이 악한 욕망임을 알았다.[59]

## 어게인 체스키크룸로프 성

새벽에 눈이 떠졌다. 문득 어떤 생각이 나서 잠깐 메모를 한 후 다시 잠이 들었다. 깨어보니 벌써 아침이었다. 샤워를 한 후 아침식사를 하러 묵고 있던 방 맞은 편 식당에 갔다. 다섯 개 남짓한 테이블이 놓여 있는 그야말로 미니식당이었다. 이미 두 그룹이 아침식사를 하고 있었다. 뷔페식으로 차려진 음식은 두세 종류의 빵과 잼, 콘프레이크와 우유, 요구르트와 삶은 달걀, 얇게 썬 오이와 피망, 사과와 포도, 오렌지와 자몽 같은 과일 등이었고, 커피머신도 놓여 있었다. 아침식사로 차려진 간단한 뷔페식 음식이 소박하게 느껴졌다. 아침식사를 든든히 해야 온종일 다니는 데 지장이 없다는 여행의 공식을 오늘 아침에는 도저히 실천하기 힘들었다. 꿀레뉴의 맛에 취해 어제 점심을 과식하는 바람에 오늘 아침은 영 음식이 당기지 않았다.

간단한 식사를 마치고 호텔을 나섰다. 오늘은 보다 꼼꼼하게 체스키크룸로프의 주요 포인트를 살펴볼 계획이었다. 구시가지 광장과 여러 개의 좁은 골목길 그리고 이발사의 다리를 지나 언덕 위의 체스키크룸로프 성에 도착했다. 성 입구에 들어가 왼쪽에 있는 매표소를 향했다. 매표소 안에는 리플릿이 비치되어 있었지만 훑어보니 성 관람에 큰 도움이 될 것 같지는 않았다. 성 내부의 박물관과 탑을 관광할 수 있는 티켓을 끊고 박물관으로 향했다.

　계단을 따라 박물관에 올라가니 역사적인 사건과 시대별 생활상을 알려주는 다양한 유물들이 즐비하게 전시되어 있었다. 모두 체스키크룸로프의 역사를 한 눈에 알 수 있는 진귀한 유물들로 보였다. 박물관 내부에는 번호가 매겨진 각 방마다 전시된 유물을 설명해 놓은 안내문이 비치되어 있었는데, 심지어 4개 국어로 된 설명문 중 하나를 선택하여 도움을 받을 수 있었다.

　얀 후스가 살던 당시 남부 보헤미아의 역사를 보여주는 유물들은 1번 방(Room No.1)에 전시되어 있었다. 1번 방은 '장미 군주들의 홀'(Hall of the Lords of the Rose)이라는 제목이 붙여져 있었고, 얀 후스가 살았던 14세기부터 15세기까지의 체스키크룸로프의 정치적 상황과 관련된 자료 및 당시의 생활상을 담은 자료를 전시하고 있었다. 이 자료들은 당시의 그림과 시, 체스키크룸로프 성의 스토브 타일 조각, 로젠버그 왕조와 관련된 유물들, 고딕 형식의 문, 스테인드글라스, 르네상스 시대의 천정 조각, 보헤미아 왕국의 지도 등을 포함하고 있었다.

　1번 방에 비치된 유물을 돌아보면서 14세기 당시 남부 보헤미아에서도 도시와 농촌 사이, 지배계층과 서민계층 사이에 정치적 경제적 문화적 양극화가 극심했음을 쉽게 알 수 있었다. 어린 시절 고향 후시네츠에서 찢어지는 가난 가운데 생활했던 얀 후스의 회고는 당시 왕과 귀족을 중심으로 선택받은 사람들이 살고 있던 체스키크룸로프의 발전된 문화와는 완전히 다른 세계였음을 쉽게 짐작할 수 있다. 이렇게 1번 방을 시작으로 2번 방과 3번 방, 이렇게 계속해서 9번 방까지 이어지는 각 방마다 각 시대의 정치적 사회적 문화적 생활상을 보여주는 유물들

[사진20] 체스키크룸로프 성
성 내부의 박물관에는 후스 시대의 유물도 전시되어 있다.

이 자세한 설명과 함께 전시되어 있어 방문객의 흥미를 자아냈다.
 흥미진진한 박물관 관람을 마친 후 탑으로 올라갔다. 꼬불꼬불한 계단을 따라 탑의 맨 꼭대기에 도착했다. 탑 위에는 아래와는 비교가 안 될 정도로 시원한 바람이 불고 있었다. 또한 탑 아래로 보이는 마을 전경은 동화 속 마을 그 자체였다. 바로 이곳이 체스키크룸로프 마을을 카메라 앵글에 가장 잘 담을 수 있는 포인트라는 말이 빈말이 아님을 실감할 수 있었다. 어디를 배경으로 해도 카메라 셔터를 누르기만 하면 전문가 뺨칠 정도의 '인생사진'을 얻을 수 있었다. 여행객들 모두는 약속이나 한 것처럼 탑의 사방을 돌아가면서 아름다운 마을 전경을

[사진21] 성에서 바라본 체스키크룸로프 시내 전경
체스키크룸로프 시 전체는 중세의 모습이 그대로 간직되어 있다.

카메라에 담기에 바빴다.

 탑에서 내려와 다시 성 안으로 들어갔다. 성의 중간쯤에서 지하동굴 안내문을 볼 수 있었다. 비록 체코어로만 되어 있었지만, 안내문에 나타난 배경사진을 보니 체스키크룸로프의 역사적 유물을 전시하는 특별전을 하는 것 같았다. 곧장 지하동굴로 내려갔다. 조명이 켜져 있었지만 다소 어두웠다. 매표소에서 티켓을 구입한 후 더 아래쪽으로 발걸음을 옮겼다.

 전시장 입구에 있는 장식물부터 범상치 않았다. 알고 보니 이 특별전은 체스키크룸로프의 역사와 관련된 전시회가 아니라 체스키크룸로프 출신으로 세계적인 명성을 얻은 초현실주의 조각가 미로슬라브 파랄(Miroslav Paral)의 조각들을 전시하고 있었다. 그의 조각상은 여성의 몸을 특이하게 묘사한 것이었다. 목 아래 부분은 여성의 몸을 사실적으로 묘사하고 있지만 목의 윗부분은 사람의 얼굴이 아닌 흉측한 괴물의 형상을 하고 있다. 다양한 포즈를 취하고 있는 여성의 몸마다 머리 부분은 흉측한 괴물이 고통 가운데 괴로워하는 모습을 하고 있었다. 아마도 작가는 오랜 세월동안 고통스런 억압의 상태에 있다가 해방의 기쁨을 맞이한 체코 국민들의 주체할 수 없는 자유를 그렇게 표현하고 있는 듯 보였다. 조각가 파랄은 자신의 작품들에 대해 다음과 같은 설명을 해 놓았다.

[사진22] 미로슬라브 파랄의 작품
손가락 위의 찻잔(왼쪽), 반인반수의 모습(오른쪽).

어린 시절 이후로 나는 성인들의 세계에 있는 사물의 논리와 맥락의 적절한 사용을 놓치고 있었다. 그것은 내가 다루기에 쉬운 것이 아니었는데, 특히 내 부모님 및 나와 가까운 사람들에 대해서는 더더욱 그랬다. 그러나 이것은 단순히 모든 것과 어떤 것에 대한 순진한 거부에 관한 무엇이 아니었다. 식사 전에 손 씻는 것을 납득시키기 위하여 내 부친은 현미경을 가져와서 내가 다양한 세균들과 다른 유기체들을 볼 수 있는 더러운 물을 내게 보여주었다. 하나의 세포를 관찰할 때, 나는 즉시로 하나의 원자를 보기를 원했고 망원경을 갖고 우주를 파악하기를 원했다. 주어진 맥락으로 인해 이러한 나의 소원은 곧 실재가 되었고 나는 조각가가 될 수 있었다. 2010년 현재 나는 55세이며, 나를 다루는 일은 여전히 쉬운 일이 아니다. 왜냐하면, 나는 여전히 내 주변에 있는 것들이 행해왔고 행하고 있는 것의 맥락을 놓치고 있기 때문이다.

나는 올해의 전시회를 '체코-크룸로프 초현실주의'(Czech-Krumlov Surreality)라 명명하기로 결정했다. 체스키(Cesky)와 크룸로프(Krumlov)라는 단어 사이의 하이픈은 독특한 의미를 갖고 있으며, 동일한 의미가 박람회장의 선택에 적용되며, 국제 아트 갤러리로서 기능하는 스테이트성(State Castle)과 체스키크룸로프의 고딕-르네상스 천정들에 적용된다. 그것은 개인적인 것이 개인적인 것으로 끝나고, 지역적인 것이 지역적인 것으로 끝나며, 체코가 더 이상 체코가 아닌 그런 공간이다. 여기에 당신은 시간과 공간의 지하도시에서, 그리고 사물의 맥락에서 당신 스스로를 발견할 수 있고, 당신은 사물의 논리를 발견할 수 있다.[60]

이러한 파랄의 설명을 통해서, 그의 전시회가 8년 이상 지속되어 왔음을 알 수 있었다. 이어지는 작품들은 손가락과 치아를 묘사해 놓은 것들이었다. 손가락 한 개가 세워져 있고 그 위에 찻잔을 올려놓은 조각품, 손가락 하나로 아래 부분을 떠받치고 있는 가로등, 그리고 손가락 모양의 후추통이나 손가락 모양의 양초 등 실생활에 유용한 소품들도 모두 손가락으로 표현되어 있었다. 생전 처음 대하는 특이한 작품에 충격을 받지 않을 수 없었다. 작품 하나하나가 지금까지 당연시 해왔던 기존의 생각을 해체해 버리는 경험을 했다. 마치 망치로 뒤통수를 한 대 얻어맞아 멍한 상태가 된 것 같은 느낌이 들었다. 기존의 상식을 완전히 벗어난 새로운 시각 이미지를 보여주는 조각상들을 대하면서 그동안 얼마나 내 생각이 고집스럽게 고정되어 있는지를 깨닫는 계기가 되었다.

프라하의 성가일교회에서의 앙상블 콘서트와 체스키크룸로프에서의 조각 작품은 각각 다른 형식의 예술이지만 내게는 유사한 메시지를 던져주었다. 그것은 각 분야가 새로운 맥락에서 새로운 해석을 하고 있다는 사실이었다. 음악이나 미술과 같은 예술분야가 예로부터 전해져 내려오는 전통을 그대로 보존하는 데만 관심을 기울이는 것이 아니라 이를 끊임없이 재해석함으로 변화된 맥락과 시대를 살아가는 사람들에게 새로운 생기와 사고의 전환을 제공해 준다는 것이었다.

신학과 교회도 이와 다르지 않다. 600년 전, 500년 전의 종교개혁을 하나의 과거의 사건으로 기념하는 데 그칠 것이 아니라 과거의 종교개혁이 오늘날 새로운 맥락에서 어떻게 수행되어야 하는지를 깊이 고민하고 실천할 필요가 있다는 것이다. 이번 여행에서 나는 음악과 미술이 내게 신학적 상상력을 풍부하게 하는 원동력이 될 수 있음을 확실히 경험할 수 있었다.

성을 나와 돌아오는 길에 시계를 보니 벌써 점심식사 시간이 되었다. 아침을 든든히 먹은지라 가벼운 점심으로 충분할 것 같았다. 눈에 띄는 한 카페에 들어갔다. 앞에서 몇 사람이 차례를 기다리고 있었다. 나도 줄을 서서 카페 홀 정면에 부착된 메뉴판을 보면서 주문할 메뉴를 고르고 있었다. 내 차례가 되어 주문하려 하니 직원이 이렇게 말한다.

"자리에 앉아 있으면 메뉴판을 갖다 드릴께요!"

알고 보니 줄을 서 있던 사람들은 카페에서 식사를 마친 후 나가기 전에 계산하려는 이들이었다. 직원이 메뉴판을 들고 앉아 있는 자리로 왔다. 크로와상 샌드위치와 쿠키 하나 그리고 카푸치노를 주문했다.

카페에서 수다를 떠는 사람들과 카페의 창문 너머로 지나가는 사람들을 바라보는 재미가 나름 쏠쏠했다. 대부분 여행객들로 보였다. 유모차를 탄 아기를 끄는 부부에서부터 제대로 몸을 가누기 힘들 정도로 노쇠한 노인에 이르기까지, 몸집이 우람한 유럽인들과 남미인들에서부터 작은 몸집의 아시아인들에 이르기까지, 체코어와 독일어에서부터 영어와 중국어와 한국어와 일본어에 이르기까지, 세계 각국에서 온 각양각색의 사람들이 각기 다른 모습으로 이곳 체스키크룸로프를 여행하고 있었다. 한 가지 특이한 사실은 여러 인종 가운데 흑인들이 별로 보이지 않는다는 것이었다.

주문한 음식이 나왔다. 별로 기대를 하지 않은 채 카푸치노 잔을 들고 한 모금을 들이켰다. 윗부분에 덮여있는 뽀송뽀송한 거품과 아랫부분에 숨어있는 달콤한 액체가 혀끝에서 뒤섞여 색다른 풍미를 자아냈다. 사실 체코에 와서 여러 번 커피를 마셨지만 만족스러웠던 적은 없었다. 마실 때마다 밍밍한 맛으로 인해 실망감만 들었다. 이런 경험 때

[사진23] 체스키크룸로프 시 광장
사람들이 따뜻한 햇볕을 받으며 느긋한 시간을 보내고 있다.

문에 오늘 들어온 카페에서는 일반 커피가 아닌 카푸치노를 주문했던 것이다. 그런데 이 카페의 카푸치노는 시각적으로도 미각적으로도 만족스러웠다. 10점 만점에 8점은 족히 받을 수 있는 맛이었다. 한 가지 특이한 사실은 체스키크룸로프에서는 스타벅스 커피점을 발견하지 못했다는 것이다. 아마도 도시 전체가 유네스코 문화재단에 등록되어 있어서 시청에서 규제를 하는 듯 보였다. 이곳은 알아보지는 않았지만, 전통을 지키려는 모습이 체코의 다른 도시들보다 더 강한 것 같았다.

점심식사를 마친 후 호텔로 향했다. 호텔 근처에 있는 쿱(Coop)이라는 마켓에 들렀다. 포도와 바나나를 비롯하여 군것질거리 과자와 음료

수를 구입한 후 호텔로 돌아왔다. 피로감이 몰려와 잠시 잠을 청했다. 일어나 보니 벌써 저녁때가 되었다. 밖으로 나갔다. 내일 아침에 체스키크룸로프를 떠나야 하는데, 이대로 방에 머물러 있기에는 시간이 아깝다는 생각이 들었기 때문이다.

  구시가지 광장에서 왼쪽에 있는 작은 골목을 따라 블타바 강이 있는 쪽으로 향했다. 어제 저녁처럼 오늘 저녁도 낭만적인 분위기가 블타바 강변 전체를 물들이고 있었다. 유대인 지구로 가려면 다리를 지나가야 했다. 지나가면서 오른쪽 아래를 보니 블타바 강변을 따라 카페들이 늘어서 있었다. 카페에 앉아 느긋하게 강물을 바라보면서 담소를 나누는 이들도 눈에 들어왔다. 다리를 지나 조금 더 올라가니 색다른 건물들이 눈에 띄었다. 나는 내가 유대인 지구에 들어왔음을 금방 알아차렸다.

　작은 언덕길을 따라 올라가니 건물 정면 문 옆의 벽에 '체스키크룸로프회당'(SYNAGOGY CESKY KRUMLOV)이라고 적혀 있는 유대인 회당에 도착했다. 회당 건물은 철제 펜스가 사방으로 둘러쳐져 있어서 입구 문까지 들어갈 수는 없었다. 인적이 없었고 문은 굳게 잠겨 있었다. 회당 입구에 있는 낡은 나무로 된 정문은 오래된 회당의 역사를 말해주고 있었다. 회당 뒤편으로 돌아가니 회당 건물과 연결되어 있는 레스토랑에 삼삼오오 사람들이 앉아 있었다. 바로 앞에는 블타바 강물이 흐르고 있었다. 지는 햇빛에 반사되어 강물은 환히 빛나고 있었다.

　인적이 뜸한 곳에서의 목가적인 분위기를 뒤로 하고 오던 길로 발걸음을 돌렸다. 돌아올 때는 인접한 공원 안의 작은 길을 택했다. 블타바 강이 공원을 휘감고 있었고 공원 안에서 강변을 따라 걸으니 또 다른 맛을 느낄 수 있었다. 강변 너머에는 높이 솟은 첨탑이 있는 비투스 성당의 뒷부분이 그 자태를 드러내고 있었다. 이미 어둑어둑해진 터라 빛의 조명을 받은 강물은 더더욱 밝은 빛을 내며 출렁이고 있었다.

　야경에 이끌려 다리를 건너 좁은 길과 구시가지 광장을 지나면서 보니 어느새 이발사의 다리에까지 이르렀다. 낮 시간에 밀물처럼 밀려왔던 인파가 밤이 되니 거짓말처럼 사라져 버렸다. 몇몇 사람들만이 조명을 받은 체스키그룸로프의 야경을 즐기고 있었다. 이발사의 다리에서 보이는 체스키크룸로프 성은 조명을 받아 낮보다 더 밝게 빛나고 있었다. 중국인 중년 남녀들이 다리 위에서 지지대 위에 고성능 카메라를 올려놓은 채 성의 야경을 카메라에 담고 있었다. 밤은 점점 더 붉게 물들어갔다.

　돌아오는 길에 광장에 이르자 한바탕 축제가 벌어지고 있었다. 광장 중앙에는 거리의 악사가 기타를 치며 노래를 부르고 있었고 그 가락에 맞추어 사람들이 함께 노래를 부르고 있었다. 흥에 겨운 한 여성이 일어나 음악에 맞춰 춤을 추기 시작했다. 그러자 악기 소리와 사람들의 박수 소리는 더더욱 커져만 갔다. 영화의 한 장면 같은 그 흥겨운 모습은 저절로 지나가는 이들의 발걸음을 멈추게 했다. 그들은 하루의 일과를 함께하는 춤과 노래로 마무리하고 있었다. 누구의 눈치도 보지 않고 자신들의 내면을 마음껏 표현하는 그들의 모습이 너무나 흥에 겨워 보였다.

## 쿠트나호라를 향하여

아침 일찍 눈이 떠졌다. 커튼을 젖히니 이른 시간임에도 두세 명씩 짝을 이룬 여행객들이 구시가지 광장 방향으로 걸어가고 있었다. 샤워 후 식당 문을 열고 들어가 자리를 잡았다. 뷔페로 차려진 음식은 특별히 구미에 당기는 게 없었다. 하지만, 오늘은 먼 길을 운전해야 해서 아침을 든든히 먹어야 했다. 빵과 삶은 달걀과 오이, 콘푸레이크와 과일을 먹은 후 커피 한 잔으로 아침 식사를 마무리했다.

다소 묵직한 캐리어를 양손으로 들고 계단을 내려왔다. 리셉션 데스크에 들러 체크아웃을 했다. 이미 계산을 다 해 놓은 상태라 방의 열쇠만 반납한 후 호텔을 나왔다. 지난 이틀 동안 동화 속에서나 보았을 법한 앙증맞은 모습의 호텔에서 편안하게 지냈다. 체스키크룸로프를 여행하기에 최적의 호텔이었다, 덕분에 이틀 동안의 체스키크룸로프 여행을 무리 없이 소화할 수 있었다.

이곳에서는 직접적으로 얀 후스의 유산을 찾을 수는 없지만, 이곳은 후스가 살던 14세기 당시에도 남 보헤미아를 대표하는 도시였다. 이곳의 박물관과 건물들이 늘어서 있는 거리를 돌아보면서 후스 시절 체코인들의 삶의 실상을 간접적으로나마 느낄 수 있었다. 지금까지 거쳐 온 체코의 다른 도시들처럼, 체스키크룸로프 역시 불편을 감수하고서라도 편의성 위주의 개발을 자제하는 모습이 역력했다. 그러면서도 중세의 전통과 유산을 박제해 놓은 상태가 아니라 현 생활의 일부로 받아들여 전통과 현대가 공존하는 인상적인 모습을 볼 수 있었다. 체스키크룸로프에 진입하는 순간, 누구나 중세도시로 시간여행을 온 듯한 착각 속에 빠지게 된다. 도시 전체를 통하여 책이나 사진 혹은 영화로만 대했던 중세시대의 신비를 실제로 경험할 수 있다.

자동차는 호텔을 출발하여 블타바 강변을 따라 시내를 빠져나오고 있었다. 강 건너편에는 빽빽하게 들어선 주황색 지붕들이 다시금 눈길을 사로잡았다. 많은 여행객들이 중세의 신비를 그대로 간직한 이 도시 속으로 밀려들고 있었다. 네비게이션에는 쿠트나호라(Kutna Hora)의 중심지에 위치한 호텔 주소가 입력되어 있었다. 네비게이션에 의하면 체스키크룸로프에서 쿠트나호라의 목적지까지는 자동차로 2시간 30분이 걸린다. 여운을 뒤로 하고 엑셀레이터를 힘껏 밟았다.

곧바로 고속도로에 진입했다. 고속도로의 최고속도가 130km인 반면, 일반국도에서는 시속 90km 이하로 달려야 하고 마을이 나타나면 시속 50km로 속도를 줄여야 한다. 마을에 따라 시속 30km 이하로 가야 되는 경우도 종종 있다. 그러다가 마을을 벗어나면 다시 90km로 속도를 올릴 수 있다. 체코에서 자동차 운전을 할 경우, 기본적으로 이 최고속도 수치를 잘 숙지하고 있어야 한다. 구간마다 도로 옆 표지판에 최고 속도 수치가 명시되어 있어서 큰 어려움은 없다. 하지만 처음 운전대를 잡고 다른 것에 신경 쓰다가 방심할 경우 상당한 액수의 범칙금을 물어야 하는 경우가 생길 수 있으므로 조심해야 한다.

고속도로를 달릴 때는 별 어려움 없이 운전할 수 있다. 하지만, 편도

1차선의 국도에서는 운전에 신경이 쓰인다. 특히 앞차가 느리게 갈 경우에는 뒤차의 운전자가 답답해 할 수밖에 없다. 앞차의 입장에서는 뒤차가 너무 바짝 붙어서 따라오면 신경이 쓰이기 마련이다. 그런데 비록 국도가 편도 1차선이라 해도 일정한 구간마다 추월 가능한 2차선 도로가 나온다. 이렇게 추월구간이 나오면 줄을 지어 앞차 꽁무니를 따라가던 뒤차들이 쏜살같이 추월해서 앞으로 나아간다. 운전자의 입장에서는 편도 1차선 도로가 불편하지만 일정한 구간마다 추월할 수 있는 공간을 마련해 놓았다는 점에서 매우 합리적이란 생각이 들었다.

자동차 운전에서는 안전운행이 가장 중요하다. 비록 보험에는 가입하지만 해외에서 자동차 사고가 나면 혼자서는 쉽게 해결할 수 없는 곤혹스런 상황에 직면하기 때문이다. 그런 이유로 인해 고속도로에서는 가능하면 2차선으로 달렸고 국도에서는 최고 속도를 넘지 않도록 주의했다. 그런데 운전을 할수록 알게 된 사실이 하나 있다. 그것은 고속도로의 최고속도가 시속 130km이기는 하지만, 상당수의 자동차들은 시속 140km 이상으로 달리고 있다는 사실이었다. 체코에서 자동차 사고가 난 경우를 보지는 못했지만 한번 사고가 났다 하면 대형사고가 날 수밖에 없다는 생각이 들었다.

국도에서 운전을 하다가 신경이 쓰이는 다른 경우가 있다. 시속 90km로 달리다가 앞에 마을이 나타나면 70km로 속도를 줄였다가 다시 50km 혹은 30km로 줄여야 한다. 이럴 때 뒤차도 비슷하게 속도를 줄이면 별 문제가 없다. 하지만, 어떤 경우는 뒤차가 너무 꽁무니에 따라 붙는다. 그러면 얼마나 신경이 쓰이는지 모른다. 아무리 시골의 도로라 해도 추월구간이 아니면 뒤차가 추월하도록 옆으로 비켜줄 공간을 만나기가 어렵기 때문이다. 운전을 하면서 몇몇 도시를 거치는 동안 뒤차로 인해 신경 쓰이는 경우들을 여러 차례 직면하면서 그런 순간에도 마음의 안정을 유지하는 법을 점차 터득해 나갔다.

　차창 가로 펼쳐진 체코의 자연 경관은 그 자체로 가슴을 탁 트이게 했다. 고속도로에서보다는 국도를 달릴 때 훨씬 더 자연경관을 즐길 수 있다.

　얼마나 달렸을까?

　체스키크룸로프를 떠난 지 한참 된 것 같았다. 이미 여러 군데의 크고 작은 도시와 마을을 지나왔기 때문이다. 그때 네비게이션에서 안내방송이 흘러나왔다.

　"운전한 시간이 두 시간이 넘었습니다. 이제 휴식을 취하세요!"

　네비게이션이 운전자의 운전시간까지 체크해서 알려주었다. 한층 업그레이드 된 네비게이션의 기능에 놀라움을 금치 못했다. 잠시 휴식도 취하고 주유도 할 겸해서 인근 주유소에 들렀다. 체코어로 "****95"라고 쓰인 녹색 주유기가 가솔린 주유기 같았다. 그러나 체코에서 처음하는 주유인 고로 안전을 위해 확인 차 주유소의 매점으로 들어갔다.

　전형적인 '무뚝뚝 형'의 체코 아줌마가 카운터에 서 있었다.

　"가솔린 주유기가 어떤 것인지요?"

　그런데 아뿔싸! 그녀는 '가솔린'이라는 영어 단어를 알아듣지 못했다. 몇 번이나 반복해서 '가솔린'을 말했지만 알아듣지 못했다. 할 수 없이 바깥 주유기 쪽에 가서 알려달라고 손짓을 했다. 그랬더니 그녀는 나와 함께 매점 문을 열고 나와 주유기 쪽으로 갔다. 그녀는 내 차의 주유구에 적힌 글자를 자세히 살펴보더니 손짓으로 녹색주유기라고 일러주었다. 나는 그녀가 가리킨 주유기를 들어 차의 주유구에 삽입하고 방아쇠를 당긴 후 핀을 고정시켰다. 주유가 끝난 뒤 매점에 들어가 계산을 하고 화장실에 다녀왔다. 음료수를 구입해서 창가에 있는 의자에 앉아 잠시 동안 운전하면서 쌓인 긴장과 피곤을 씻어보았다.

다시 운전대를 잡았다. 한결 기분이 상쾌해졌다. 다소 긴장했던 탓인지 운전을 하면서 졸음은 오지 않았다. 다시금 크고 작은 마을을 지나친 후 어떤 도시의 시내로 접어들었다. 편도 2차선 도로가 있는 도시의 중심가에서 내 차는 1차선에서 시속 30km로 서행하고 있었다. 바깥 2차선에는 큰 트럭이 나란히 서행하고 있었다. 정면 교차로에서 파란색 신호가 보였다. 내 차와 나란히 2차선에서 달리던 트럭이 교차로에 다가가면서 서행을 했다. 정면에 보이는 파란색 신호로 인해, 나는 '아마도 트럭이 우회전을 하려고 속도를 줄이는가 보다!' 라고 생각했다.

직진을 하던 중이어서 나는 그대로 직진해야 했다. 그런데 갑자기 우측에서 보행자가 튀어나왔다. 깜짝 놀라 순간적으로 브레이크를 힘껏 밟았다. 갑자기 나타난 내 차를 보고 보행자 역시 흠칫 놀라는 표정이었다. 비록 속도를 줄이고 있었지만 2차선에서 내 차와 나란히 달리고 있던 트럭 때문에 나도 보행자를 보지 못했고 보행자도 내 차를 보지 못했던 것이다. 하마터면 큰일 날 뻔했다.

보행자는 중년 여성이었다. 나는 손짓으로 미안하다는 표시를 했고 그녀 또한 흠칫 놀라는 눈치였지만 금방 평정심을 되찾아 횡단보도를 건넜다. 어느 정도의 긴장 상태를 유지하면서 운전을 하고 있다고 생각했지만 예기치 않은 상황에 직면하면서 나는 놀란 가슴을 쓸어내려야 했다. 하마터면 이국땅에서 스스로 해결하지 못할 정도의 난감한 상황을 맞이할 뻔했다. 아무리 신경을 쓴다 해도 익숙하지 않은 상황에서는 언제든지 예기치 않은 상황에 직면할 수 있음을 깨닫는 순간이었다.

시내를 빠져나와 한참을 달렸다. 드디어 쿠트나호라를 가리키는 안내판이 눈에 들어왔다. 금방 시내 중심으로 들어갔다. 좁은 골목길을 이리저리 돌아서 예약한 호텔 앞에 도착했다. 잠시 호텔 앞에 정차한 후 차에서 내려 호텔 입구의 정문 손잡이를 돌렸다. 문이 잠겨 있었다. 자세히 보니 안내문이 있어 읽어보았다. 왼쪽으로 20m 올라가면 식당이 나오는데 거기서 체크인을 할 수 있다는 내용이었다. 도로를 따라 올라가니 야외 테라스의 그늘막 아래에 식탁과 의자들이 즐비하게 놓여 있는 식당이 나왔다. 식당 안으로 들어가 직원에게 물어보니 2층에 리셉션이 있단다. 단숨에 올라가니 리셉션이 있었고 곧바로 직원이 나왔다. 여권과 예약서류를 보여주니 간단히 체크인이 끝났다.

그 직원은 몇 가지 사항을 설명한 후에 호텔의 입구 열쇠와 방 열쇠를 건네주었다. 주차공간이 있느냐고 물어 보았더니 호텔 맞은편에 있는 파출소 건물 앞에 리저브(reserve)라고 쓰인 주차공간에 주차하면 된다고 했다. 알려준 주차공간으로 자동차를 이동했다. 트렁크를 열어 캐리어를 내려 호텔로 돌아왔다. 이곳에서 머물 호텔 역시 엘리베이터가 없는 작은 호텔이었다. 무거운 캐리어를 들고 끙끙거리며 나무계단을 따라 배정받은 4층 방으로 올라갔다.

방문을 열고 들어가 보니 아담하고 깨끗한 방이 나를 기다리고 있었다. 짐을 풀고 창문의 커튼을 젖히니 따스한 햇살이 비춰는 평화로운 작은 광장이 보였다. 시계를 보니 체스키크룸로프를 출발한 지 오래되었음을 알 수 있었다. 도중에 주유소에 잠시 들린 것을 감안하더라도 거의 3시간 동안이나 운전을 했던 것이다.

점심때가 되었지만 음식 생각이 별로 나지 않았다. 갖고 있던 비스킷과 바나나와 포도 같은 과일로 대충 점심을 때우고 곧장 해골성당으로 알려진 세들레츠 납골당에 갈 준비를 했다. 구글맵에 '해골성당'이라 입력하니 도보로 30분이 걸린다고 친절히 알려주었다. 자동차를 타고 갈까 하다가 새로운 도시 쿠트나호라를 구경도 할 겸 그냥 걸어가기로 했다.

원래 쿠트나호라는 13세기 당시 광부들이 모여 살던 광산촌이었다고 한다. 이곳이 나중에 왕실도시로 발전해 프라하에 버금가는 부촌으로 성장했고, 1961년부터 도시유적지로 지정되었으며, 1995년 중부 보헤미아 지역에서 유일하게 유네스코에 등재된 도시가 되었다. 쿠트나호라는 세들레츠의 성모 마리아와 세례자 요한대성당, 해골성당, 성바르보라대성당, 예수회대학 등 다양한 유적들이 있는 곳이다. 얀 후스와 관련해서 이 도시는 쿠트나호라칙령이 반포되었고,[61] 후스전쟁이 치열하게 일어난 곳으로도 알려져 있다.

호텔을 나와 구글맵을 따라 걷기 시작했다. 쿠트나호라 시내의 건물들은 체코의 다른 도시의 건물들과 비슷하면서도 다르다고 느껴졌다. 약간 더 섬세한 디자인에 격조 있는 건물들이 시내 중심가를 가득 채우고 있었다. 지금은 쇠락한 도시이지만 은 채굴을 통해 엄청난 부를 획득하던 당시에는 프라하 못지않은 부를 누리던 도시였다고 한다. 그래서인지 시내의 건물들마다 모두 화려한 문양과 디자인이 눈에 띄는 것을 볼 수 있었다. 구글맵의 안내를 따라가니 금방 시내 중심가를 벗어났다. 차도 옆의 인도를 걷는 길이어서 그리 힘들지는 않았다. 간간히 다른 여행객이 눈에 띄었다. 하지만 체스키크룸로프처럼 많은 여행객들은 보이지 않았다.

태양이 뜨겁게 내리쬐고 있었다. 하지만 처음 와 본 곳에서의 도보여행이어서 그런지 한결 발걸음이 가벼웠다. 혹시나 해서 선크림을 얼굴에 듬뿍 바르고 선글라스와 창이 큰 모자로 중무장을 한 상태에서 호텔을 나온 터지만 작열하는 태양빛에 피부가 상하지 않을까 적잖이 신경 쓰이기도 했다. 시내를 벗어나니 생각 외로 낙후된 집들이 도로 양쪽에 늘어서 있었다.

가끔씩 낡은 아파트도 눈에 띄었다. 5-6층 높이의 아파트 현관에 서서 도로를 걷는 사람들을 물끄러미 쳐다보는 사람도 있었다. 햇볕 때문인지는 몰라도 출발할 때 가볍게 느껴졌던 발걸음은 어느새 무겁게 변했다. 짊어진 백팩이 무겁지 않았지만 생각 외로 해골성당은 너무 멀리 있는 듯 느껴졌다. 이따금씩 시내 방향으로 돌아오는 여행객도 눈에 띄었다. 잠시 쉬어 갈까 생각도 했지만 마땅히 쉬어 갈 카페나 매점 같은 곳도 발견할 수 없어 가던 길을 재촉할 뿐이었다.

호텔에서 출발한 지 정확하게 30분 만에 해골성당에 도착했다. 걸어올 때는 사람들이 별로 보이지 않았지만 목적지에 도착해 보니 사람들로 북적이고 있었다. 알고 보니 대다수의 여행객들은 대형버스를 타고 이곳에 왔다. 해골성당 입구에 사람들이 줄을 서 있었다. 티켓 구입을 위한 줄이었다. 줄 뒤에 서서 성당 안쪽을 바라보니 해골들과 뼈들이 즐비하게 장식되어 있었다. 사진으로만 보던 광경이 눈앞에 펼쳐져 있었다. 차례가 되어 티켓을 구입한 후 안으로 들어갔다. 입구의 계단을 따라 아래로 내려가 보니 정면에 해골과 뼈를 모아 탑 같은 모양으로 쌓아놓았다.

[사진24] 세들레츠 납골당(1)
후스전쟁과 30년 전쟁에서 사망한 이들의 유골을 모아놓은 곳이다.

 탑을 중심으로 하여 사방에 유리 칸막이가 있는 공간마다 수많은 해골과 뼈가 쌓여 산더미를 이루고 있었다. 성당 위쪽을 바라보니 여러 개의 해골과 뼈를 엮어 천정에서부터 길게 늘어뜨려 있었다. 성당 안의 모든 해골과 뼈는 4만 명의 유골로 이루어져 있다고 하며, 흑사병으로 죽은 이들과 후스전쟁 중에 사망한 이들의 유골을 모아놓은 것이었다.

[사진25] 세들레츠 납골당(2)
수많은 해골로 만들어 놓은 형상이 보는 이들을 숙연하게 만든다.

가장 인상적인 것은 유리 케이스에 넣어놓은 해골들이었다. 한쪽 부분이 사라져 버린 해골과 크고 작은 구멍이 난 해골들이었다. 후스전쟁 당시 가톨릭 십자군과 싸우다가 창이나 칼로 훼손된 부분이 해골에 흔적으로 남아 있었다. 이 유골들이 부패한 중세 가톨릭의 십자군에 맞서 참된 신앙을 지키기 위해 싸우다가 장렬한 최후를 맞은 이름 모를 신앙의 선배라는 생각이 들자 숙연한 마음이 들었다.

독일 콘스탄츠에서 장렬한 최후를 맞이한 후스의 죽음은 당시 후스를 따르던 수많은 신앙인들로 하여금 의와 진리를 위해 일어서게 했다. 해골성당의 유골을 접하면서, (지금은 대부분의 나라에 신앙의 자유가 있지만) 현 시대에 진리를 위해 살아간다는 것이 어떤 것인지를 다시금 생각하는 기회가 되었다. 산 자와 죽은 자가 스스럼없이 마주하는 그곳에서 삶과 죽음의 의미를 묵상하면서 발걸음을 옮겼다.

해골성당의 옆 뜰은 공동묘지였다. 망자에 대한 간단한 프로필이 새겨진 수많은 비석들이 햇빛을 받아 빛나고 있었다. 인파를 따라 묘지를 지나가다가 도로 옆에 인포메이션 센터가 있는 것을 발견했다. 안으로 들어가니 쿠트나호라 지역의 여러 언어로 된 여행안내 리플릿이 비치되어 있었다. 한글로 된 리플릿을 챙겨서 그 곳을 나왔다. 곧장 성모마리아와세례자요한대성당 이 눈에 들어왔다. 입구에 도착하니 해골성당에서 인파와는 달리 이곳에는 여행객들이 그리 많지 않았다. 복잡하던 해골성당에서의 분위기와는 사뭇 대조적이었다.

성당 안으로 들어가니 체코의 다른 성당에서 보았던 웅장한 내부가 나타났다. 안내문을 참고하여 성당 내부를 관람하기 시작했다. 성당 내부의 한쪽 벽에는 네 개의 해골이 유리 케이스에 담겨 있었다. 가까이에서 자세히 살펴보니 네 개의 해골 가운데 왼쪽에서 두 번째 해골에는 코뼈와 위턱뼈가 없이 약간 내려앉은 상태였고 해골의 윗부분에는 동전보다 큰 모양의 구멍이 뚫려 있었다. 세 번째와 네 번째 해골에는 아래턱뼈가 없었다. 한 눈에 봐도 일반적인 해골의 모습은 아니었다. 유리 케이스 아래쪽에는 다음과 같은 설명이 적혀 있었다.

[사진26] 후스전쟁 당시 무기에 의해 훼손된 해골

1421년 4월 24일로 추정되는 순교한 시토 수도회 수도사들의 유물 (2003년 재건축 때 발견됨).

결국 이 해골들은 후스전쟁 당시 후스파 병사들에 의해 목숨을 잃은 시토 수도회 수도사들의 유골들이라는 것이다. 특히 설명 부분에 '순교한(martyred)'이라는 단어가 특별한 의미가 있는 것으로 여겨졌다. 후스파의 입장에서는 진리를 수호하기 위한 영웅적인 행동으로 이들의 목숨을 빼앗았지만, 시토 수도회의 입장에서는 이들이 순교한 것이라고 볼 수밖에 없었을 것이기 때문이다. 이렇게 똑같은 사건을 바라보는 시각이 입장에 따라 서로 다른 것을 볼 수 있었다.

언젠가 교황 요한 바오로 2세가 얀 후스를 화형 시킨 로마 가톨릭의 결정과 그 행위에 대해 공식적으로 잘못을 표명한 바가 있었다. 진리 수호라는 거창한 이름으로 행해진 중세 가톨릭의 잘못된 결정으로 인해 얀 후스뿐 아니라 수많은 사람들을 죽음으로 내몰았던 부끄러운 역사를 갖고 있는 로마 가톨릭. 이런 잘못된 역사는 다른 시대 다른 지역의 개신교와 타종교에서도 볼 수 있다. 이처럼 종교의 이름으로 행해지는 비종교적 행위는 시대에 따라 그 모습을 달리하면서 지금도 세계 여러 곳에서 여러 모양으로 자행되고 있다.

성당 내부를 둘러본 후에 다시금 호텔이 있는 시내로 발걸음을 돌렸다. 유네스코에 등재되어 있는 성바르보라대성당에 가기 위해서였다. 아침에 이곳으로 걸어오던 때와는 달리 돌아갈 때는 걷기가 쉬운 일이 아니었다. 오전 내내 뜨겁게 달아오른 태양 때문이었다. 하지만 세들레츠의 두 성당에 담겨 있는 이야기를 묵상하면서 걷다 보니 그렇게 지루하게 느껴지지는 않았다. 지도를 따라 시내에 들어와 바르보라 성당 쪽으로 갔다.

예수회대학 건물이 보이고 그 뒤로 성바르보라대성당이 그 위용을 자랑하고 있었다. 성바르보라대성당은 그 외관부터가 범상치 않았다. 도로를 따라 오른쪽으로는 예수회대학이, 왼쪽으로는 돌로 만든 각종 성상들이 세워져 있었다. 성상들 너머로 쿠트나호라 시내가 한 눈에 들어왔다. 성바르보라대성당 입구 문을 들어가니 매표소가 있었다. 설명문에는 성바르보라대성당의 건축 연혁을 다음과 같이 소개하고 있다.

> 이 성당은 1388년에 시작되었고 본당과 측면의 소성당이 4개로 전체 5개의 성당으로 계획되었다. 1420년 후스전쟁으로 인해 잠시 공사가 중단되었다. 그 후 60년이 지난 후에 프라하의 화약탑의 건축가 마띠야쉬 레이섹이 건축을 맡아 1499년에 높이 33m가

[사진27] 성바르보라대성당(좌측)과 예수회대학(우측) 건물
쿠트나호라의 대표적인 관광지로 체코에서 로마 가톨릭의 위상을 느낄 수 있다.

되는 본당의 둥근 천정을 완성했다. 오늘날 교회의 정면은 1884년에서 1905년까지의 재건축 기간 중에 완성되었고 이 시기에 중앙제단이 신고딕 양식으로 만들어졌다. 책과 탑을 들고 있는 성녀 바르보라(광산의 수호성녀)를 제단 오른쪽에서 볼 수 있다.[62]

본당의 규모가 상당했고, 본당 정면에는 아래쪽부터 성인들, 최후의 만찬, 예수님의 전신상이 차례대로 배치되어 있었다. 위쪽에는 스테인드글라스 창문들로 햇빛이 들어오고 있었다. 특히 성당 천정에는 방패 모양으로 생긴 각종 문양들이 달려 있었는데, 그 모습은 어떤 성당에서도 볼 수 없는 특별한 분위기를 자아내고 있었다. 본당과 함께 각각 다른 의미를 갖고 있는 소성당들을 지나 2층으로 올라가는 계단 입구 오른쪽에는 여러 개의 고해소가 늘어서 있었다. 계단을 따라 2층으로 올라가니 성당 내외부의 조각들을 전시해 놓은 전시관이 있었다. 1388년에 시작된 성당의 건축도면이 세월이 지남에 따라 조금씩 변경되었음을 알려주는 여러 개의 도면들이 순서대로 전시되어 있었다.

쿠트나호라가 과거에 은광으로 유명하여 프라하에 버금갈 정도로 부유한 지역이었다는 사실은 엄청난 규모와 화려한 모습의 성바르보라대성당을 통해 확인할 수 있었다.

한 지역의 경제적 풍요가 대규모의 성당 건축으로 이어졌다는 사실은 우리에게 무엇을 말해 주는가?

대성당 건축이 중세 가톨릭의 절대 권력을 강화하고 지속시키는 가시적인 수단으로 사용된 측면도 없지 않아 보였다.

체코의 여러 도시에서 보았듯이, 사람들이 모여 사는 도시의 가장 높은 곳에 자리잡고 있는 대성당은 그 자체로 신비한 종교적 권위를 사람들에게 전달하는 효과가 있다. 저 높은 곳에 세워져 있는 화려하고 거대한 대성당 자체가 사람들에게 '종교적 권위'를 전하는 하나의 메시지로 사용되고 있다는 사실이다. 저 높은 곳에 서 있는 대성당을 바라보면서 사람들은 하나님이 저 높은 곳에서 자신들을 지켜주고 있다는 일종의 안정감을 느끼면서 영적 정신적 위안을 받았을 것이다.

그러나 얀 후스를 포함하여 종교개혁자들은 이런 가시적인 추구가 신앙의 본질과는 무관하다는 사실을 지속적으로 설파했다. 오늘날 개신교는 시각, 청각, 후각, 미각, 촉각을 통해 주시는 하나님의 은혜를 다시금 회복할 필요가 있다. 이것은 오늘날 예배당 건축도 단지 전통이나 실용적 차원 혹은 외적 규모만을 고려할 것이 아니라 신학적 요소가 반영되어야 한다는 것이다. 그럼에도 불구하고, 거대하고 화려한 예배당 건축에만 몰두하는 일부 현대교회의 모습은 중세교회의 잘

못을 그대로 모방하려는 안타까운 모습이 아닐 수 없다.

"사람이 안식일을 위해 있는 것이 아니라 안식일이 사람을 위해 있다"는 예수님의 말씀이 생각났다. 그 말씀은 다시금 이렇게 다르게 적용할 수 있다.

"사람이 예배당을 위해 있는 것이 아니라 예배당이 사람을 위해 있다."

즉 예배당 자체가 사람들의 예배 대상이 아니라, 예배당은 사람들이 하나님께 잘 예배드리기 위해 돕는 장소가 되어야 한다는 것이다. 성바르보라대성당을 나오니 이미 밖은 어둠이 내리고 있었다. 예수회대학 옆의 길을 걸어 나오면서 오른쪽으로 보이는 쿠트나호라 시내에서는 수많은 작은 빛들이 빛나고 있었다.

[사진28] 성바르보라대성당 내부의 천정(왼쪽)
성바르보라대성당 내부의 스테인드글라스(오른쪽)
쿠트나호라의 가장 대표적인 성당으로 알려져 있으며 보는 이들로 하여금 경건한 마음을 불러일으킨다.

## 중세와 현대의 만남, 쿠트나호라

쿠트나호라에서의 둘째 날이 밝았다. 사실 오늘 주일예배에 참석할 교회를 구글에서 찾아놓았다. 쿠트나호라에 있는 개신교회를 찾기가 쉽지는 않았다. 어제 밤에 구글에서 웹페이지에서 여러 단어를 입력해 보았다.

쿠트나호라의 개혁교회(reformed church in kutna hora), 쿠트나호라의 개신교회(protrstant church in kutna hora), 쿠트나호라의 후스교회(hussite church in kutna hora). 그런데 아무리 단어를 바꿔서 입력해 봐도 해골성당과 성바르보라대성당만 화면에 떴다. 혹시나 싶어 쿠트나호라의 복음주의교회(evangelical church in kutna hora)를 입력해 보았더니 개신교회 주소가 나왔다. 집 떠나면 고생이라더니, 낯선 곳에서는 무엇 하나 쉬운 일이 없음을 새삼 경험할 수 있었다.

아침식사 후 체크아웃을 했다. 차 트렁크에 짐을 싣고 자동차 시동을 건 후에 구글맵의 도움을 받아 어제 찾아 놓았던 교회로 갔다. 금방 도착했다. 공용 주차장이 있어 주차한 후에 도로를 가로질러 맞은편에 있는 교회로 걸어갔다. 아기를 안고 있는 젊은 엄마가 예배당으로 들어가는 중이었다. 안으로 들어가니 안내위원으로 보이는 노인 한 분이 악수를 청했다. 예배당 안에서는 온 회중이 함께 찬양을 부르고 있었다. 이미 예배가 시작된 지 5분 가량이 지난 시간이었다. 아담 사이즈의 예배당 안은 회중들로 가득 차 있었다. 대부분 격식을 차리지 않은 편한 복장을 하고 있었으며 전형적인 소도시의 서민들로 보였다. 어린 아기부터 젊은이들과 중장년, 그리고 노인들까지 다양한 연령층의 사람들이 함께 예배를 드리고 있었다.

강단 벽에는 십자가가 없고 디모데전서 4:10이 적혀 있었다. 예배당 내부는 화려한 성상들과 각종 장식을 한 성당들과는 대조적이었다. 형식과 치장을 멀리하고 오직 말씀을 강조하는 개신교의 특징이 예배당 건물 내외부에 반영되어 있었다. 예배시간에 부르는 찬양은 그동안 많이 들었던 익숙한 곡이었다. 찬양이 끝나고 면 티를 입은 사회자가 나와서 광고를 했다. 이어서 다른 한 명이 나와서 짧게 다른 광고를 하는 듯 보였고, 설교자의 성경봉독이 있은 후 모든 회중이 함께 자리에서 일어섰다. 대표기도 시간이었다. 여성 한 명과 남성 한 명, 그리고 예배를 인도하는 설교자가 한 명씩 짧게 대표기도를 한 후 모든 회중이 자리에 앉았다. 지금까지 일반적으로 보았던 대표기도 시간과는 다른 모습이었다. 예배순서를 구체적으로 묘사하면 다음과 같다.

우리나라를 포함하여 북미와 영국의 교회에서는 대표기도 시간에 기도자가 강대상 앞에 나가서 대표기도를 하면 회중은 회중석에 앉아 함께 기도에 동참한다. 회중 찬양이 있을 때만 다같이 일어서서 찬양을 한다. 반면 오늘 참석한 개혁교회 예배에서는 대표기도 시간에 모든 회중이 함께 일어선다. 그리고 회중 전체가 일어선 가운데 대표기도자 두 명도 회중석의 자기 자리에 선 채로 대표기도를 한다. 이어서 목사가 마무리 기도를 한 후 모든 회중이 자리에 앉는다.

  이어서 다같이 앉아서 찬양을 한다. 아이들을 위한 시간이 이어진다. 부모와 함께 자리에 앉아 있던 아이들이 우르르 강대상 앞으로 나간다. 교사 한 명도 함께 앞으로 나간다. 회중이 지켜보는 가운데 교사가 아이들에게 성경내용에 대해 질의응답 하는 시간을 가진다. 무슨 말인지 알아들을 수는 없었지만 아이들의 천진난만한 대답에 회중석에서 간간히 웃음소리가 들린다. 둘러보니 모두들 미소를 짓고 있다.

  질의응답 시간이 끝나자 교사의 간단한 설교가 이어지고 모두들 회중석으로 돌아온다. 아기를 안고 있는 엄마가 강대상 앞에 나가서 무언가 한 마디를 하고 자리로 들어간다. 이어서 바이올린과 피아노 연주에 맞추어 회중 전체가 찬양하는 가운데 아이들과 교사들이 예배실을 빠져 나간다. 아마도 각 반별로 배정된 방에 가서 분반공부 시간이 진행되는 것 같다.

  아이들이 다른 공간으로 옮겨간 후 설교자의 설교가 이어진다. 체코어로 하는 설교라 나는 어떤 내용인지 알아들을 수 없다. 그러나 회중들은 설교자의 설교에 집중하고 있다. 설교가 진행되는 동안 번갈아 설교자와 설교에 집중하는 회중의 모습에 내 시선이 머문다. 자연히 예배당 내부의 모습이 눈에 들어온다. 장의자가 3열로 각 10개씩 배치되어 있는 약 150석 규모의 예배당에 약 100여 명의 회중이 예배에 참석하고 있다. 대부분 체코 현지인들이지만 몇 명의 아시아인들도 보인다.

  설교는 약 30분 동안 진행되었는데, 그리 지루하게 느껴지지는 않는다. 비록 내용을 알아듣지는 못한다 해도 설교를 통한 설교자와 회중 사이의 역동성을 충분히 느낄 수 있었기 때문이다. 설교가 끝나고 기타와 드럼, 피아노와 바이올린 주자의 연주에 맞추어 다함께 찬송을 부른다. 하나님을 향한 꾸밈없는 소박하고 순수한 마음의 표현이 느껴진다. 이어서 다함께 일어선 가운데 여성 두 명이 각각 짧은 내용으로 대표기도를 한 후 설교자가 마무리 기도를 한다. 찬송에 이어 축도로 예배가 마무리된다.

예배가 끝나자 중년부부가 다가와 어디서 왔느냐고 관심을 표현했다. 한국서 왔다고 하니 "북한(north)? 혹은 남한(south)?"이라 묻기에 남한이라고 대답하니 반가운 표정을 지었다. 서로 다른 언어를 사용하는 지라 더 이상 대화가 이어지지는 않았다. 예배당 입구 쪽으로 나오니 설교자가 성도들과 악수를 하고 있었다. 장로로 보이는 분도 설교자 옆에서 함께 악수를 하고 있었다.

설교자와 악수를 하면서 잠시 내 소개를 했더니 영어를 못 알아듣는 눈치였다. 그러면서 그는 옆에 있던 아시아인 한 명을 내게 소개시켜 주었다. 스스로 미얀마 출신이라 하는데 남성은 영어를 곧 잘 했다. 그에게 내 소개를 하니 반가와 했다. 이분들과 함께 사진도 찍고 간단히 대화를 나눈 후 예배실 옆방에서 자유롭게 진행되는 티타임에 함께 하라고 권했다. 그러나 빠듯한 여행 일정 때문에 더 지체할 수 없어서 인사를 하고 예배당을 나왔다.

현재 체코는 가톨릭이 지배적인 종교다. 전 국민의 39%가 가톨릭 교인이고 개신교인은 4%로 미미한 정도이다. 우리나라에서도 산수가 좋은 곳에는 어디든지 절이 자리잡고 있듯이 체코에서도 어느 도시를 가든지 구시가지 중심에는 대부분 거대한 규모의 성당이 자리잡고 있다. 이렇게 로마 가톨릭이 오랜 세월동안 체코 국민들에게 하나의 '설득력 구조'가 되어 온 관계로 개신교는 비주류에 속하는 편이다. 한때 로마 가톨릭은 잘못된 교리로 인해 수많은 생명을 죽음으로 몰고 간 십자군전쟁이라는 부끄러운 역사가 있다. 아직까지도 많은 체코인들이 가톨릭교도인 것을 보면 체코 역사에서 로마 가톨릭이 어느 정도로 강력한 영향력을 행사해 왔는지를 쉽게 짐작할 수 있다.

이렇게 로마 가톨릭이 지배적인 시대에, 교황의 면죄부 판매와 신부들의 일탈과 각종 비리를 단호히 그리고 지속적으로 개혁해야 한다는 목소리를 높였던 얀 후스는 참으로 대단한 인물이 아닐 수 없다. 14-15세기 당시에 적당히 가톨릭교회와 타협하면서 자신의 직을 수행했다면 그는 얼마든지 많은 이들의 존경을 받고 여러 가지 특혜를 누리면서 살아갈 수 있었을 것이다.

그러나 후스는 이런 삶을 단호히 거부하고 개혁의 기치를 높이 들었다. 당시 로마 가톨릭의 입장에서 보면 후스는 이단자일 수밖에 없다. 하지만, 진리를 추구하던 당시 체코인들과 유럽의 생각 있는 많은 이들에게 후스는 타락한 중세 가톨릭에 정면으로 대항했던 진정으로 용기 있는 실천적인 종교개혁자로 다가갔다.

쿠트나호라의 개신교 교회에서 예배를 드리면서 한 가지 생각이 떠올랐다. 세계적인 명성이 있는 거대한 성당들이 뿌리를 내리고 있는 이곳 쿠트나호라에서, 참 진리를 향해 믿음의 길을 걷고 있는 회중들은 소박하고 아담하게 보이는 예배당에서 자신들의 열정과 하나님에 대한 사랑을 불태우고 있었던 것이다. 진정 그들은 기득권에 기대어 사는 것이 아니라 오로지 참된 진리 하나만을 추구하는 진정한 신앙인의 모습을 보여주고 있었다.

다시금 어제 돌아보지 못했던 쿠트나호라 시내로 차를 몰았다. 묵었던 호텔 인근에 주차를 한 후 시내에 있는 명소를 돌아보기로 했다. 어제는 이름 있는 성당들을 중심으로 돌아보느라 시내의 다른 명소를 둘러보지 못했기 때문이다. 쿠트나호라 시내의 크고 작은 도로가 나와 있는 지도의 안내를 받았다. 시내 중심에는 석조 분수대가 있는데, 이것은 1495년 쿠트나호라 수로의 일부로 설치된 원형 모양의 분수대로 지금도 버튼을 누르면 물이 쏟아져 나오는 것이 매우 인상적이었다.

크고 작은 골목길의 매력에 이끌려 발걸음을 옮기다가 어제 가 보았던 예수회대학 입구에 도착했다. 입구에는 미술전시회를 안내하는 현수막이 걸려있었다. 예수회대학의 일부 공간이 현재 미술전시관으로 활용되고 있었던 것이다. 안내문에는 이곳이 중부 체코의 주립 갤러리이며 보수공사 이후에 '모던 갤러리'로서의 기능을 완벽하게 수행하고 있다는 내용이 담겨있었다. 예수회대학이라는 역사적인 공간을 모던 갤러리라는 현대적 공간으로 사용하고 있었다.

이번에 체코의 여러 도시들을 방문하면서 다시금 눈에 띈 것은 종교적 역사적으로 유명한 건물을 현대적 용도로 재사용하고 있다는 사실이다. 원래의 형태를 그대로 유지하는 데 초점을 맞추는 것이 아니라 현 시대에 맞게 새로운 용도로 재사용하면서 사람들이 접촉할 수 있는 공간으로 만듦으로서 옛 건물에 생기를 불어넣는 것이다. 그렇게 함으로 과거와 현재 그리고 미래를 연결시키고 있다는 인상을 받았다. 이런 모습은 비단 쿠트나호라의 예수회대학 공간을 미술 전시관으로 사용하는 경우뿐 아니라 얀 후스가 살던 프라하티체의 집을 공공도서관으로 사용하거나 체스키크룸로프 성의 지하터널을 미술 갤러리와 상품전시관으로 사용하는 경우에서도 또한 볼 수 있었다.

건축가 유현준은, 옛 건축물을 원래 형태로만 유지하기 위해 일반인의 출입을 통제하는 데 초점을 맞추는 모습을 가리켜 "건축 문화재를 박제시켜 놓고 우상화 하는 것"이라고 비판한다. 고건축을 하드웨어로만 보면 그대로 보존하는 데 관심을 두지만 소프트웨어로 보면 시대에 맞게 계속해서 새로운 용도로 사용할 수 있다는 것이다.[63] 이런 견해는 비단 일반 건축물에만 해당되는 말이 아니라 예배당 건물에도 해당된다고 볼 수 있다. 다만 그렇게 되려면 예배당 건축을 보다 진지하게 대해야 한다. 단지 편의성 차원이나 전통적 차원만 고려할 것이 아니라 신학적 사고가 반영될 때 더더욱 보존의 가치가 있고 후대에도 재사용될 수 있는 공간이 될 것이다.

벌써 점심때가 되었다. 구시가지 광장에는 식당들이 옹기종기 모여 있었다. 한 식당에 들러 닭가슴살 요리를 주문했다. 식당 앞 테라스에 자리를 잡은 후 음식을 기다리고 있었다. 따스한 햇살이 광장을 비추고 있었다. 작은 규모의 광장에는 한산하게 몇몇 사람들이 오가고 있었다. 한참을 기다린 후에 먹음직스런 닭가슴살과 각종 야채가 접시에 담겨 나왔다. 감사한 마음으로 오감을 총동원하여 맛있게 먹었다.

## 마지막 망명지, 크라코베츠 성

쿠트나호라에서의 여정을 마치고, 이제 체코에서 얀 후스의 역사적 자취가 마지막으로 남아 있는 곳, 크라코베츠 성을 향해 출발했다. 얀 후스는 종교개혁의 기치를 올려 면죄부 판매를 비롯하여 중세교회의 미신적 행위들에 대한 개혁을 외치다가 교황으로부터 파문을 당했다. 그러자 후스는 타보르 근교의 코지흐라덱(일명 '염소 성')에서 1년 2개월간 머문 후 크라코베츠 성에서 3개월 동안 망명생활을 했다. 그 후에 그는 독일의 콘스탄츠로 떠났다.

조국 체코를 떠나 독일로 가기 직전 머물렀던 크라코베츠 성. 그 곳에서도 후스의 숨결과 진리를 향한 열정의 자취를 느낄 수 있을 것이라 기대하면서 핸들을 잡았다. 그런데 크라코베츠 성의 주소를 네비게이션에 입력하니 주소가 입력되지 않았다. 자꾸만 화면에는 '발견하지 못함'(not found)이라는 글자만 반복해서 떴다. 네비게이션이 이 주소를 인식하지 못하는 것이었다. 할 수 없이 성 인근에 묵으려고 예약한 호텔 주소를 입력했다.

이곳은 크라코베츠 성에서 약 25분 정도 떨어져 있는 호텔로 라코브닉(Rakovnik)이라는 작은 도시에 있는 호텔이었다. 그런데 네비게이션은 이 주소 역시 포착하지 못했다. 하는 수 없이 숙소가 있는 도시 라코브닉의 다른 주소를 네비게이션에 입력하고 출발했다. 일단 라코브닉까지 가서 다시 거기서 구글맵의 도움을 받아 크라코베츠 성을 찾아가기로 마음먹었다.

[사진29] 크라코베츠 성 입구
얀 후스가 독일의 콘스탄츠 공의회에 가기 전 체코에서 마지막으로 머물렀던 곳이다.

자동차는 곧바로 쿠트나호라 시내를 벗어나 시골길을 달렸다. 차창 가로 펼쳐진 넓은 들판의 노란색 물결이 꼬리에 꼬리를 물고 이어졌다. 노란 물결은 아마도 유채꽃과 유사한 꽃인 듯 보였다. 시골길의 정취와 꽃향기를 맡으려고 출발하면서 켜 놓았던 에어컨을 끄고 창문을 내렸다. 시원한 바람이 코끝에 스며들면서 온몸을 감쌌다. 한참을 달리다 보니 더운 날씨 때문인지 밖에서 들어오는 공기가 텁텁하게 느껴졌다. 다시 창문을 올리고 에어컨을 켰다. 이제껏 그랬듯이, 편도 1차선의 시골길이라 뒤에서 너무 바짝 따라붙는 차가 있으면 적당한 곳에서 우측 깜빡이를 켜고 옆으로 빠졌다가 다시 편한 마음으로 운전을 했다.

한곳에 이르니 앞에 차들이 밀려 있었다. 자세히 보니 도로공사 때문이었다. 오히려 속이 편했다. 뒤에서 조바심 나게 따라오는 차도 없고 모든 차들이 가다 서다를 반복했다. 공사 구간을 지나면서 다시 정상속도를 회복했다. 시골길의 정취를 감상하면서 계속 달렸다.

얼마나 지났을까?

어느덧 자동차는 고속도로에 진입해 있었다. 최대속도 시속 90km로 제한되어 있는 국도에 비해 고속도로는 최대속도 시속 130km로 달릴 수 있다. 그러나 고속도로에 진입한 차들 중에는 최대속도를 넘어서 달리는 차들도 꽤 눈에 띄었다. 1차선에서 달리는 차들은 대부분 시속 140km 이상으로 달렸다. 나는 시속 120km 정도로 2차선에서 달렸다. 앞에서 너무 느리게 달리는 차가 있으면 1차선으로 추월했다가 다시 2차선으로 돌아오는 방식으로 가능한 한 안전운행에 신경을 썼다. 체코의 고속도로가 복잡하지 않고 단순해서 네비게이션을 보면서 운전하는 것이 전혀 부담이 되지 않았다.

쿠트나호라에서 출발한 지 한 시간 정도 지났을까?

이제 자동차는 체코의 수도 프라하를 지나고 있었다. 오른쪽 창문으로 프라하 시내가 시야에 들어왔다. 점심식사를 위해 잠시 고속도로 휴게소에 들렀다. 휴게소 매점에서 샌드위치와 음료수를 구입한 후 바깥에 있는 테이블에 앉아 점심식사를 했다. 주차장 옆에 테이블이 있는 공간은 생각보다 아늑해서 편한 마음으로 식사를 할 수 있었다. 테이블 의자에 앉으니 작은 주차장 공간에 도착하는 차들과 출발하는 차들이 눈에 들어왔다.

잠재적인 긴장 상태가 계속되었던지 졸음은 오지 않았다. 다시 시동을 걸었다. 이번에는 구글맵을 켜고 크라코베츠 성의 주소를 입력한 후 고속도로에 진입했다. 친절한 구글맵의 안내를 따라 자동차는 미끄러지듯 고속도로를 달려 나갔다. 고속도로를 빠져나와 예약한 호텔이 있는 작은 도시 라코브닉을 지나는가 했더니 곧바로 시골길로 접어들었다. 도로 옆 표시판에는 최대속도 시속 50km라는 안내 글이 보였고, 작은 마을이 나올 때마다 최대속도 30km라는 안내 글이 보여 속도를 줄였다. 마을을 벗어나면서 다시 시속 50km로 속도를 올렸다. 이렇게 시속 50km와 30km로 속도를 번갈아 바꾸어 가면서 시골길을 달렸다.

작은 도시 라코브닉을 지나자 드넓은 들판이 펼쳐져 있었다. 넓고 길게 이어진 들판은 초록색을 띠었고 들판에서 사람은 거의 찾아볼 수 없었다. 굽이굽이 시골길을 돌아 계속해서 차창 밖으로 새로운 전경이 펼쳐졌다. 그래서인지 크라코베츠 성으로 가는 길은 지루한 느낌이 들지 않았다. 드디어 성 인근 주차장에 도착했다. 이미 주차장에는 여러 대의 차들이 주차되어 있었다. 어디에 있다가 나타났는지 주차장을 지키는 경비원이 다가왔다. 주차비를 계산한 후에 작은 마을 어귀로 들어갔다. 조금 더 걸어가니 저 앞에 성이 보였다. 성에서는 한 무리의 사람들이 관광을 마치고 나오고 있었다.

[사진30] 크라코베츠 성 내부
여행객들이 가이드의 설명을 듣고 있다.

마지막 망명지, 크라코베츠 성

## 폐허에 깃든 후스 정신

크라코베츠 성 입구로 들어가는 길에는 나무로 만든 길게 뻗은 다리가 놓여 있었다. 나무다리에는 세월의 흔적이 배여 있었다. 나무다리를 걸어가면서 왼편 성벽의 아래쪽 비탈진 곳의 큰 바위 위에 네 명의 사람이 보였다. 가까이 가 보니 모자를 쓴 아이들 셋과 역시 모자를 쓴 아이들의 엄마가 그 바위 위에서 놀고 있었다. 그 곳은 길이 없는데 놀이 삼아 아이들과 함께 그쪽으로 내려간 것 같았다.

성 입구에 이르자 왼쪽 벽에는 네모난 철판이 붙어 있었고 거기에는 크라코베츠 성에 대한 안내글이 체코어로 새겨져 있었다. 성 입구로 들어가니 수염을 길게 기른 노인이 매표소 안을 지키고 있었다. 입장권을 구입하자 그는 입장권과 함께 주황색 겉표지가 덮여있는 소책자 한 권을 주었다. 그것은 크라코베츠 성에 관해 설명해 놓은 안내서였다.

성 안으로 들어가자 몇몇 관광객이 이곳저곳을 둘러보고 있었다. 성 중앙에는 한 무리의 젊은이들이 긴 의자에 걸터앉아 안내자의 설명을 진지하게 듣고 있었다. 나는 마당 한쪽에 있는 통나무에 걸터앉아 안내책자를 읽어보았다. 책자의 앞부분 몇 페이지에는 성의 건축과 관련된 역사를 소개하고 있고 뒷부분은 얀 후스와 관련된 설명이 들어 있었다. 그 일부분을 소개하면 다음과 같다.

> 1412년 얀 후스가 파문당함으로 타보르 근교에 있는 코지흐라덱으로 갔다가 진드리치 레플(Jindrich Lefl)의 초대로 1414년 7월에 크라코베츠 성으로 왔다. 독일의 콘스탄츠로 떠나기 전 그는 크라코베츠 문서 44번(papers No.44)에 "그의 충성스런 학생들에(to his royal students)"에 대한 작별인사를 기록했다. 1414년 10월 11일, 그는 크라코베츠를 떠났다. 그러므로 크라코베츠는 보헤미아에서 그가 거주했던 마지막 장소였고, 체코의 역사에서 하나의 특별한 장소가 되기에 충분하다.[64]

지금은 폐허밖에 없지만 이곳은 얀 후스가 자신의 마지막 열정을 불태웠던 곳이다. 성벽을 살펴보니 돌과 적벽돌과 황토가 건축의 주재료로 사용되었고 나중에 시멘트로 보수공사가 된 것 같았다. 그럼에도 불구하고 세파에 못 이겨 성벽 이곳저곳에는 움푹하게 패인 곳들이 그대로 드러나 있었다. 또한 그늘진 곳에는 녹색의 이끼가 끼어 있었고 군데군데 잡초가 생명의 싹을 틔우고 있었다.

성은 지하 1층과 지상 3층으로 된 공간이 대부분이었고 층고가 매우 높아 보였다. 공간과 공간이 이어져 있었고 각 공간마다 다른 용도로 사용된 듯 보였다. 성벽은 대부분 크고 작은 돌이 박혀 있었고 이따금씩 적벽돌이 드러나 있는 곳도 눈에 띄었다. 창문으로 사용된 구멍이 훼손된 곳에는 시멘트로 보수공사를 한 흔적이 보였다. 각 공간마다 그리고 각 층마다 창문으로 사용된 구멍 뚫린 부분이 여러 개 있으

[사진31] 크라코베츠 성의 벽
폐허만 남은 벽의 창문 틈으로 햇빛이 들어오는 모습.

며, 그 부분을 통해서 햇빛이 강렬하게 성 안으로 비춰고 있었고, 성의 바깥 전경도 눈에 들어왔다. 패여 있는 벽에는 여행객들이 써 놓은 것으로 보이는 낙서도 군데군데 새겨져 있었다.

표시된 경로를 따라 지하로 내려가서 성의 이곳저곳을 둘러보았다. 지금은 성벽만 남아 있어서 각 공간에 들어갈 때마다 그 공간이 어떤 용도로 사용되었는지 자세히 알 수는 없었다. 그래서 이곳을 방문하는 사람은 들어가는 공간마다 자신의 상상력을 동원해야 한다. 원래 각 공간마다 어떤 공간으로 사용되었는지 추측해야 하기 때문이다.

한 공간에서 다른 공간으로 건너가는 문이 있었던 곳을 거쳐 다른 공간으로 이동하면서 성의 여러 공간을 둘러볼 수 있었다. 공간과 공간 사이의 문은 아치형으로 되어 있었고 성이 온전한 상태로 사용되던 중세 당시에는 매우 고급스럽고 기품이 있는 공간으로 사용되었음을 충분히 상상할 수 있었다.

600년 전 얀 후스는 짧은 기간 동안 이곳에서 어떤 심정으로 지냈을까?

복음의 진리에 역행하는 교황과 로마 가톨릭의 빗나간 폭력 앞에서 생명이 다하는 날까지 진리를 위해 싸워야겠다는 결연한 의지를 이곳에서 불태우지 않았을까?

성의 한 쪽에는 깊은 우물이 하나 있었고 보수 공사를 위해 우물 아래로 쇠로 된 긴 봉이 여러 개 꽂혀 있었다. 아래쪽을 내려다보니 우물의 내벽은 돌로

[사진32] 크라코베츠 성 내부의 계단

만들어져 있고 돌과 돌 사이의 틈에서 싹을 틔우고 있는 잡초는 생명의 신비를 느끼게 해 주었다.

우물 옆에는 작은 규모의 지하동굴이 있었다. 아마도 음식을 보관하는 지하 저장소로 사용된 것이 아닌가 하는 생각이 들었다. 바깥 날씨와는 달리 지하동굴에서는 벽에서 스며 나오는 냉기를 느낄 수 있었다. 간혹 나무로 된 문을 볼 수 있었는데, 문에 달린 녹이 슨 쇠 문고리는 오랜 세월 세파를 견뎌 온 흔적이었다.

성의 내부를 모두 둘러본 후에 입구로 나와 나무다리를 건너왔다. 성 밖을 둘러볼 수 있는 작은 오솔길로 접어들었다. 성 밖에서 성벽을 바라보니 더욱 웅장하게 보였다. 성벽의 바깥은 녹색의 풀로 뒤덮여 있었다. 군데군데 보수공사를 한 흔적이 녹색의 이끼로 물들어 있었다. 거대한 성벽은 성 주변에서 녹색 물결을 이루고 있는 풀이나 나무들과는 대조를 이루고 있었다.

성벽을 돌아가니 한쪽에 얀 후스의 석상이 보였다. 석상은 특이한 모자를 쓴 채 앉아 있는 모습으로, 왼손으로 성경책을 가슴에 안고 오른손은 가슴에 얹은 채 먼 곳을 바라보고 있는 모습이었다. 지금까지 보았던 얀 후스의 동상들과는 달리 진리를 따라 사는 삶이 얼마나 좁은 길이며 외로운 길인지를 느끼게 해주었다. 그는 자신의 저서 『교회』(The Church)에서 이렇게 기도한다.

> 전능하신 주님, 당신은 길이요 진리요 생명이십니다. 주님은 알고 계십니다. 당신 안에서 오늘을 걷고 사는 사람이 얼마나 적은지, 겸손, 가난, 순결, 성실, 인내로 머리이신 당신을 닮고자 애쓰는 사람이 얼마나 적은지, 사단의 길은 활짝 열려 있고, 많은 사람들이 거기로 걸어갑니다. 주님, 당신의 연약한 양떼를 도우소서. 그리하여 당신을 떠나지 아니하고, 이 세상 끝날 까지 좁은 길로 당신만 따라가게 하소서.[65]

다소 높은 곳에 위치한 성의 주변 아래쪽에는 몇 채의 집들이 있었다. 집집마다 마당이 보였고 어떤 집에서는 마당에서 가족이 한가하게 시간을 보내고 있었다. 자연 속에서 나무들과 조화를 이루고 있는 집들은 한 폭의 그림과도 같이 아름다운 자태를 뽐내고 있었다. 타보르 인근에 있는 코지흐라덱의 주변 경관에서도 느꼈듯이, 이곳 크라코베츠 성 주변 역시 매력적인 전경이 펼쳐져 있었다. 로마 가톨릭의 교황으로부터 파문을 당하여 체코의 한 이름 없는 성으로 피신해 있던 상황이었음에도 불구하고 진리를 향한 그의 사역은 지속되었다.

3개월이라는 짧은 기간이었지만 얀 후스가 머물렀던 역사적 장소

크라코베츠 성. 이 성 외에도 체코의 각 지역에는 중세로부터 전해 내려오는 성들이 많이 있다.

크라코베츠 성이 개혁교회의 귀중한 유적지로 선정되어 지금껏 세계 각지에서 꾸준하게 사람들이 찾아오는 이유는 무엇일까?

그것은 이곳이 바로 체코의 종교개혁가 얀 후스의 체취가 남아 있는 장소라는 사실 때문이다. 지금도 많은 이들이 이곳에 와서 얀 후스의 발자취를 더듬어보고 그의 종교개혁의 정신을 되새긴다. 지금은 폐허만 남아 있고 찾아오기도 힘든 외딴 시골에 있는 크라코베츠 성. 이곳은 이 땅에서 종교가 어떤 역할을 감당해야 하는지를 배우려는 이들에게 생생한 교육의 현장이 되고 있다.

1414년 교황청의 분열을 해소하고 이단을 박멸하여 교회 갱신을 하기 위해 공의회가 소집되었다. 당시 보헤미아 왕위의 계승자였던 지기스문트(Sigismund) 왕은 콘스탄츠에서 후스의 안전을 보장했다. 하지만, 이 약속은 지켜지지 않았고, 후스는 도착하자마자 체포되어 토론의 기회도 없이 1년 동안 감옥에 갇혀서 재판을 받다가 결국 1415년 7월 6일 장작더미에서 생을 마감했다.[66]

만약 얀 후스가 콘스탄츠에 가지 않았다면 어떻게 되었을까?

그러나 그는 자신의 주장이 하나님의 뜻에 합당한 것임을 알릴 좋은 기회로 알고 모든 것이 불투명한 상황 가운데로 자신을 던져 넣었다. 결국 크라코베츠 성을 떠나는 것이 순교에로 가는 길이 되었던 것이다. 크라코베츠 성을 나와 길게 뻗어 있는 나무로 된 다리를 건너오면서 과연 '현 시대에 순교적 삶이란 무엇인가?'라는 질문이 내내 뇌리를 떠나지 않았다. 이런 질문은 다시 '콘스탄츠에서 후스 처형에 동조한 당시 교권을 장악했던 교황과 사제들처럼, 오늘날 한국교회에도 교권이라는 기득권을 지키기 위해 진정으로 진리를 외치는 이들의 소리를 짓밟고 있는 자들이 있지는 않은가?'라는 질문으로 이어졌다.

크라코베츠 성 관광을 마치고 나오면서 갈증을 느껴 인근 가게에 들렀다. 가게의 벽에는 얀 후스와 크라코베츠 성이 흑백으로 그려진 그림 액자가 걸려 있었다. 실제 성의 모습을 줄여놓은 축소판과 같았다. 가게 앞의 의자에 앉아 음료수를 들이키면서 주변을 둘러보았다. 체코의 다른 곳에서는 쉽게 한국인 관광객을 만날 수 있었다. 하지만 이곳에서는 단 한 명의 한국인 관광객도 만날 수 없었다. '이곳은 한국인 관광객에게 그리 매력적인 장소가 아니기 때문이 아닐까?' 하는 생각이 들었다. 유럽과 북미에서 온 듯 보이는 백인들만이 폐허가 된 크라코베츠 성을 드나들고 있었다.

여운을 가슴에 담고 주차장으로 돌아왔다. 다시금 차를 몰고 라코브닉으로 향했다. 며칠 전 호텔에서 발송한 이메일을 확인했던지라 원래와는 다른 주소를 구글맵에 입력했다. 이메일의 내용은 원래 예약했던 숙소인 로즈마린아파트에서 체크인을 하는 것이 아니라 라코브닉 시내의 다른 곳에 위치한 로즈마린호텔에서 체크인을 해야 한다는 것이었다. 즉, 로즈마린호텔에서 체크인을 하고 열쇠를 받아 로즈마린아파트로 가야 한다는 것이었다.

호텔에 도착했다. 맞은편 주차장에 주차한 후 호텔 입구로 들어갔다. 리셉션에서 벨을 누르니 여성 직원이 나왔다. 간단한 체크인 절차를 거친 후에 아파트의 주방과 냉장고 사용에 대한 설명을 들었다. 아파트 입구의 문 열쇠와 방 문 열쇠 두 개를 받아 호텔을 나왔다.

차를 몰고 가니 금방 아파트에 도착했다. 숙소명은 로즈마린아파트(ROZMARYN APARTMENTS)였다. 입구 문을 열고 들어가니 1층에는 공동으로 사용할 수 있는 거실과 함께 냉장고와 주방 그리고 식탁이 놓여 있었다. 2층으로 올라가 복도를 따라 걸어가니 방이 나왔다. 천정에 유리로 된 창문이 있어서 하늘과 바깥 풍경이 시야에 들어왔다. 짐을 풀고 라코브닉 시내 중심가로 나갔다.

시내 광장은 약간 좁은 듯했지만 길게 뻗어 있어서 나름 운치 있게 보였다. 여느 도시에서 보았던 것처럼 중심가의 도로 끝에는 이곳의 대표적인 예배당이 늠름하게 자리잡고 있었다. 도로 양쪽으로는 식당가와 가게들이 줄지어 있었지만 대부분 닫혀 있어서 썰렁한 분위기였다.

라코브닉이 소도시이고 게다가 주일 오후여서 그런지 시내 거리를 걸어 다니는 사람은 거의 볼 수 없었다. 이따금씩 지나치는 사람들도 상인들로 보이는 이들이었고 여행객은 거의 눈에 띄지 않았다. 광장 주변의 식당가에도 현지인들만 앉아있었고, 그들은 동양에서 온 낯선 여행객을 처음 보는 듯 신기한 표정으로 쳐다보고 있었다.

마침 지나가는 젊은 여성에게 마트 위치를 물어보니 친절하게 안내해 주었다. 그녀가 안내해 준 대로 걸어가니 근처에 베트남 마트가 있다. 조금 더 걸어가 다리를 건너니 발리(Bally)라는 대형마트도 있었다. 두 곳에서 필요한 식료품을 구입하고 숙소로 돌아왔다. 돌아오는 길에서도 거리를 걷는 사람들은 거의 보이지 않았다. '라코브닉 시내의 평일 모습도 이럴까?' 하는 생각이 들었다. 한편으로는 다소 적적한 거리였지만 다른 한편으로는 동양에서 온 이방인이 걸어 다니기에는 부담스런 곳이었다. 다른 도시에 비해 더 적막한 느낌이 들어서였다. 숙소로 돌아와 저녁식사를 한 후 곧바로 잠자리에 들었다. 침대에 누워서도 크라코베츠 성의 여운이 가시지 않았다.

## 렌터카 반납 해프닝

오늘은 프라하로 돌아가는 날이다. 이제 프라하에 가면 지난 8일간 운전대를 잡고 다녔던 체코에서의 자동차 여행의 대미를 장식하게 된다.

남아 있던 각종 과일과 빵 그리고 몇 종류의 비스킷으로 아침식사를 했다. 시동을 걸고 프라하에서 묵을 호텔 근처에 있는 주유소 주소를 구글맵에 입력했다. 렌터카를 반납하기 전 연료를 채워서 반납해야 하기 때문이었다. 숙소에 두고 가는 물건이 없는지 확인에 확인을 거듭한 후 차에 올라 시동을 걸고 서서히 숙소를 빠져 나왔다. 오늘이 렌터카를 반납하는 날이라 생각하니 마치 먼 여행을 떠났다가 고향 집으로 돌아가는 느낌이 들었다.

라코브닉을 떠나 고속도로에 오른 지 한 시간, 드디어 프라하 시내에 진입했다. 얀 후스의 발자취를 따라 체코 전역에 흩어져 있는 장소들을 돌아본 대장정이 이제 마무리 단계에 접어들고 있음을 실감했다. 분명 예약한 호텔 근처에 있는 주유소의 주소를 구글맵에 입력했는데 주유소는 생각 외로 호텔에서 멀리 떨어진 구석진 곳에 있었다. 프라하 시내로 진입했지만 넓고 좁은 도로를 돌고 돌아 주유소에 도착했다.

주유소 직원이 다가오더니 서너 개의 주유기 중 하나를 가리키면서 주유하라고 일러주었다. 그 주유기로 주유를 하려다가 자세히 보니 그것은 일반 가솔린이 아니라 프리미엄 가솔린이었다. 나는 직원에게 일반 가솔린 주유기가 어느 것이냐고 물었다. 그랬더니 그는 녹색의 다른 주유기를 손짓으로 알려주었다. 굳이 가격이 비싼 프리미엄 가솔린을 주유할 필요가 없었기 때문이다. 주유를 마친 뒤 다시 렌터카를 반납할 호텔 주소를 입력하고 출발했다.

프라하 시내에서의 운전은 고속도로나 소도시 혹은 시골길에서 하는 운전과는 판이하게 달랐다. 다른 도로에 비해 오가는 차량 수가 압도적으로 많은 것은 차치하고서라도 도로 위에서 자동차가 트램과 함께 달려야 하기 때문이다. 한참을 달리다가 작은 도로에서 큰 도로로 진입해야 하는 곳이 나왔다. 그곳은 교차로가 아니어서 눈치껏 큰 도로의 차량 행렬에 합류해야 했다. 내 앞에 있던 차는 자연스럽게 큰 도로에 진입했다. 나도 좌회전 깜빡이등을 켜고 큰 도로의 좌우편에서 달려오는 차량 행렬이 끊기기만을 기다렸다. 그런데 계속해서 차량 행렬이 이어졌다. 한 번씩 좌우측에서 트램이 지나갔다. 큰 도로에 진입할 타이밍을 맞추는 것이 생각만큼 쉽지가 않았다. 몇 번의 타이밍을 놓친 후에야 겨우 큰 도로에 진입할 수 있었다.

한참을 달려 카를교 부근의 호텔로 가는 좁은 길로 진입했다. 갑자기 좁은 골목길에서 여행객들이 밀려왔다. 잠시 브레이크를 밟았다가 여행객을 모두 보내고 나서 서행하면서 예약한 호텔(Hotel U 3 Pstrosu) 앞에 도착했다. 잠시 주차해 놓고 체크인을 하려고 호텔 안으로 들어갔다. 그런데 아뿔싸! 호텔 직원은 내가 묵을 호텔이 이 호텔이 아니고 이 호텔과 연결된 다른 아파트라고 했다.

[사진33] 라코브닉 시 광장 맨 끝에 있는 예배당
　　체코의 여느 예배당들과는 다른 독특한 외관을 볼 수 있다.

그 곳은 프라하 성 근처에 있는 곳으로 이 호텔과 연결되어 있는 아파트였다. 한국에서 예약할 때 프린트 아웃 해 놓은 서류를 보았다. 분명히 이 호텔 주소가 나와 있는데 아래쪽에 작은 글자로 묵을 아파트 주소가 따로 있는 것을 발견했다. 카를교 바로 옆에 있는 호텔이어서 예약을 했는데 꼼꼼하게 확인하지 못해서 발생한 해프닝이었다. 어쩔 수 없었다. 일단 체크인을 한 후에 호텔 직원의 차를 따라 프라하 성 근처의 아파트로 향했다.

호텔 직원의 차를 뒤따라가니 한결 운전이 여유로웠다. 트램과 같은 방향으로 트램의 뒤를 따라 달리기도 했고 반대편 차선의 맞은편에서 다가오는 트램을 지나치기도 했다. 프라하에서만 경험할 수 있는 신기하고 재미난 경험이 아닐 수 없었다. 아파트에 도착했다. 직원의 안내로 배정받은 2층의 방으로 올라갔다. 알고 보니 이곳은 프라하 성 바로 옆에 있는 아파트로서 좋은 시설에다 주변 경관도 탁월한 곳이었다. 짐을 풀고 자동차를 반납하기 위해 그랜디오르호텔(Hotel Grandior)로 향했다.

어떤 일이든 끝날 무렵이 되면 긴장이 풀어지기 마련이다. 그러나 프라하 시내에서의 운전은 긴장이 풀어질 여유가 없었다. 특히 갑자기 뒤에서 혹은 앞에서 나타나는 트램은 초보 운전자가 조심해야 할 경계대상 1호였다. 목적지에 거의 도착할 무렵 트램 옆에서 함께 같은 방향으로 달리다가 순간적으로 길을 잘못 들었다. 트램만 달리는 도로로 잘못 진입한 것이었다. 잠시 깜빡이등을 켜고 길가에 주차한 후 차량의 흐름을 확인하고서 유턴을 해서 원래 도로로 진입했다.

호텔 입구에 도착했다. 그런데 이번에는 호텔 안으로 진입하는 입구가 보이지 않았다. 도중에 정차할 수 없어서 할 수 없이 운전을 계속해야 했다. 호텔을 한 바퀴 돌았지만 입구가 보이지 않았다. 그러다가 잠깐 기억을 되살려 보니 호텔 안으로 진입하는 입구는 호텔 앞쪽이 아니라 뒤쪽이었다. 다시 호텔 뒤쪽에서 입구를 찾아 지하 주차장으로 내려갔다. 주차 후 렌터카 리셉션이 있는 2층으로 올라갔다.

그런데 리셉션 데스크가 비어있었다. 자세히 보니 데스크 위에 전화번호와 함께 있었다. 필요한 경우 그 전화번호로 전화하라는 메모도 붙어 있었다. 전화로 직원과 연결되었다. 내 신원을 알려주고 차량을 반납하려 한다고 하니 본인이 지금 다른 업무로 인해 올 수 없단다. 그리고 차량을 주차장에 그대로 주차해 놓고 가면 된다고 말했다. 차량에 문제가 없는지 직접 확인도 하지 않은 채 그냥 가라고 해서 한편으로 의아한 마음이 들었다. 하지만 그 직원이 하루에도 수십 번씩 렌터카 대여와 반납에 관한 일을 하고 있다는 걸 생각하면 한편으로 그의 말이 이해가 되었다.

렌터카를 반납하고 나니 속이 후련해졌다. 벌써 점심때가 되어 근처 팔라디움 백화점에 들렀다. 백화점 안 식당가를 둘러보다가 몽골식당에 들렀다. 의자에 앉아 백팩을 내리는데 약간 이상한 생각이 들어 백팩을 열어보았다. 그랬더니 그 속에 네비게이션이 그대로 있는 것이었다. 네비게이션을 반납해야 한다는 사실을 깜빡했던 것이다. 어쩔 수 없이 다시 호텔로 발걸음을 옮겼다. 그런데 하늘이 흐려지더니 갑자기 억수같은 비가 쏟아졌다. 소나기였다. 거리를 걷던 사람들이 순식간에 도로 옆 건물로 들어갔다. 나도 따라 들어가 비를 피했다. 워낙 심하게 퍼붓는 소나기여서 우산을 갖고 있는 사람들마저 비를 피하기 위해 건물로 들어왔다.

조금 전까지 인파로 북적이던 거리가 순식간에 텅 빈 거리가 되었다.

차량과 트램만이 거리를 오가고 있었다. 쏟아지는 빗줄기를 멍하니 바라보고 있었다. 그 순간, 지난 8일 동안 운전을 하면서 한 번도 비를 만난 적이 없었다는 사실이 생각났다. 화창했던 날씨 덕분에 운전에 어려움이 없었고 예정된 일정을 무사히 소화할 수 있었던 것이다.

갑작스런 소나기 덕분에 나는 하나님의 세심한 손길과 인도를 다시금 깨닫게 되었다. 비가 잦아들어 빠른 걸음으로 호텔을 향한다. 2층 렌터카 리셉션 데스크에 올라가니 아직 자리가 비어있었다. 다시 전화를 걸어 상황을 설명했다. 그러자 그 직원은 조금의 망설임도 없이 네비게이션을 데스크 위 컴퓨터 모니터 뒤에 두고 가라고 했다. 이미 이런 일을 여러 번 경험했다는 말투였다. 호텔을 나와 한결 가벼운 마음으로 백화점 식당으로 돌아와 여유 있게 점심식사를 즐길 수 있었다.

[사진34] 프라하의 유명한 팔라디움 백화점 앞
렌터카 반납 후 점심식사를 하기 위해 이 백화점에 들렀다.

[사진35] 렌터카 반납 후 얀후스군상 앞에서
여행객들이 한가로이 얀후스군상 옆을 지나가고 있다.

# 프라하 가이드 투어(2)

인천에서 출발하여 프라하에 도착한 둘째 날 참가했던 오전 투어가 매우 인상적이어서 자동차 여행을 마치고 프라하로 돌아오면 오후 투어에도 참가할 요량이었다. 자동차 여행을 끝낸 지금 한결 편한 마음으로 오후 투어에 참가할 수 있었다.

나는 시간에 맞춰 투어 집결지인 루돌피눔 앞에 도착했다. 루돌피눔은 세계적인 명성을 가진 콘서트홀이며 1896년 드보르작이 처음으로 지휘봉을 잡고 연주했던 체코필하모닉의 본부로서 1876년에서 1884년에 신 르네상스 양식으로 건립된 건물로 알려져 있다. 벌써 가이드를 중심으로 그 둘레에 15명 정도가 모여 있었다. 투어 참가자들은 대부분 젊은이들이었다. 모두들 진지하게 가이드의 설명을 듣고 있었다. 그녀는 체코 역사에 관한 설명을 하고 있었다. 요약하자면 이런 내용이다.

AD 800년대 중반 보헤미아가 형성되고, 1200년대 왕국으로 인정받았으며, 1300년대가 되어 주변국으로부터 국가로 인정받고 당시에 카를 4세 왕이 번영을 이룬다. 1400년대에 종교개혁의 진원지였고, 1500년대에 보헤미아 왕가의 아들이 끊김으로 인해 보헤미아의 공주를 오스트리아의 합스부르크 왕가의 아들과 정략결혼을 시키면서 오스트리아의 식민 지배를 받게 된다. 1900년대 초반까지 이러한 식민지 상태가 계속되다가 1918년 독립할 때까지 합스부르크 왕가의 지배를 받는다. 1차 세계대전 후 보헤미아가 독립하고 슬로바키아와 합쳐 독립국가로 건국해 체코슬로바키아로 국가명이 바뀐다.

1939년 2차 세계대전의 발발로 인해 독일이 체코슬로바키아를 점령하지만 1945년 독일이 패망하고 미국과 소련 중심의 냉전시대 시작되면서 1947년 구소련의 위성국가로 전락한다. 공산주의의 폭정에 항거하여 1968년 '프라하의 봄'으로 공산주의로부터 해방을 요구하는 시위가 일어나지만 소련 군대에 의해 무차별 진압을 당한다.

그 후 고르바초프의 개혁개방 정책으로 인해 비로소 '해방'을 맞이하고, 1988년 체코슬로바키아는 시장경제체제를 공식 도입하고 1989년 벨벳혁명의 결과로 공산당 1당 독재가 종식되면서 바츨라프 하벨이 대통령으로 선출된다. 하지만 민주화 이후에 공업 중심의 체코와 농업 중심의 슬로바키아 사이의 갈등으로 인해 분리하여 독립한다. 두 나라 모두 북대서양 조약기구(NATO)에 가입하고 2004년에는 유럽연합(EU)의 정회원국이 된다.[67]

가이드의 설명이 끝난 후, 함께 카를교로 이동했다. 우리나라에서는 2005년 SBS 연속극에 방송된 '프라하의 연인'의 촬영지로 유명한 카를교는 연인들에게는 낭만적인 장소로 잘 알려져 있다. 카를교는 보헤미아의 왕이었다가 나중에 신성로마제국의 황제까지 된 카를 4세의 명령으로 건설되었다. 그는 어릴 때부터 유럽의 여러 나라에서 30여 년간 유학했던 경험을 바탕으로 보헤미아의 공공인프라를 확충하고, 도로와 다리 건설에 심혈을 기울인 결과 상인들이 모이고 상권을 형성하는 계기를 마련했다. 원래 카를교는 나무로 만들어져서 비가 오면 홍수가 나고 다리가 훼손되는 등 위험이 있어서 다시금 돌로 만들었다고 한다.

카를교에 대한 가이드의 설명이 이어졌다. 이 다리는 1357년 카를 4세 때 건설을 시작해서 그의 아들 바츨라프 4세 때에 완성된다. 결국 카를 4세가 심혈을 기울였지만 그는 생전에 완성된 카를교를 보지 못했던 것이다. 카를교 입구에 서 있는 거대한 동상이 바로 카를 4세 동상으로 지금도 카를교를 찾는 이들에게 자신의 위업을 보여주고 있다. 초기에는 다리 통행세가 엄청 비쌌던 관계로 귀족들과 자격이 있는 자들만 통행하다가 후에 프라하 시에서 보행자 전용다리로 변경했단다. 처음에는 카를교 위에는 성인상이 없었지만 프라하의 귀족들이 시에 기증을 해서 30개로 늘어났다고 한다.

유명한 네포무츠키 성상을 지나 카를교 끝부분에 이를 무렵 다리의 왼편 아래로 내려갔다. 길을 따라 조금 올라가니 '존레논벽'(Lennon wall)이 나왔다. 벽에는 형형색색의 낙서로 가득했다. 존 레논, 그는 체코에 온 적이 없는 인물로 어찌 보면 체코와 무관한 인물이다.

그런데 어떻게 여기에 존레논벽이 생긴 것일까?

1945년 2차 세계대전이 끝나고 독일을 패망시킨 주요 나라, 미국, 영국, 소련이 서로 세력다툼을 한다. 독일을 반반 나누어 미국과 소련

[사진36] 존레논벽
수많은 사람들의 염원이 벽에 쓰여 있다.

이 지배하고 냉전시대가 시작된다. 당시 체코는 동쪽에 위치에 있음으로 소련의 지배를 받게 된다. 1968년 프라하의 봄이 실패로 돌아가자 소련이 검열과 보도지침을 마련하고 공산주의 통제하에서 체코는 서로 믿지 못하는 사회가 된다. 이때 그들의 숨통을 틔어준 게 바로 라디오였다. 라디오를 통해 그들은 서방세계의 소식을 들을 수 있었던 것이다.

당시 존 레논은 반전운동가 오노 요꼬를 만나 함께 사회활동을 하고 있었다. 존 레논은 영국이 베트남 참전에 반대하는 편지를 써서 영국 왕실에 보낸다. 당시 억눌려 있던 체코인들은 이런 소식을 접하면서 대리만족을 경험하게 되었고 당연히 체코에서 레논의 인기가 높아지게 된다. 그러던 중 레논이 피격을 당해 죽음을 맞이하자 체코의 젊은이들은 그를 추모할 방법을 찾는다.

　으슥한 곳의 벽에 낙서를 통해 추모하자고 합의를 한 후 벽에다가 존 레논의 곡 '이매진'(Imagine)의 가사도 적어놓는다. 이 가사를 읽은 체코의 청년들이 자유, 사랑, 민주주의에 관한 내용으로 낙서를 채워 넣는다. 당시 체코 정부가 이를 억압하려 했지만 이 벽이 수도원에 포함된 지역이라서 없앨 수가 없었다. 정부가 낙서를 지웠지만 젊은이들이 다시 낙서를 재개함으로 이 벽은 존레논벽으로 지금까지 내려오고 있다는 것이다.

　투어 일행은 존레논벽을 지나 프라하 성으로 향했다. 프라하에 처음 도착했을 때 자유여행으로 이미 프라하 성을 방문한 바 있다. 그러나 가이드와 함께 하는 여행은 더 풍성한 설명을 들을 수 있을 것 같아 기꺼이 동행했다. 트램과 자동차가 지나다니는 도로와 꼬불꼬불한 골목길을 지나 프라하 성에 도착했다. 프라하 성은 세계에서 가장 큰 옛성으로 알려져 있으며 체코의 왕들과 신성로마제국의 황제들이 이곳에서 통치를 했고 현재 체코의 대통령 관저도 이곳에 자리잡고 있다. 다시금 엄청난 규모를 자랑하는 프라하 성 이곳저곳을 둘러보면서 종교가 시대를 이끌고 가던 중세의 체코 사회를 확인할 수 있었다.

종교는 사회통합의 기능도 감당하지만 때로는 사회갈등의 원인이 되기도 한다.[68] 중세 당시의 체코 사회는 대부분 사회 지배계층인 왕들과 봉건 영주들이 지주가 되어 백성들의 노동력을 착취하는 사회구조였다. 왕들과 봉건 영주들을 중심으로 하는 세속권력은 당시의 종교권력인 로마 가톨릭과 결탁하여 백성들의 고달픈 삶을 더더욱 고착화 영속화 시켰다. 또한, 종교권력 역시 지배와 착취의 사회구조를 정당화하고 이런 구조를 하나님의 뜻으로 받아들이게 함으로 백성들의 삶을 더더욱 피폐하게 하는 데 일조했다.

프라하 성과 성비투스대성당의 역사는 종교가 한 사회에서 어떤 기능을 감당해야 하는지 그리고 종교가 세속권력과 어떤 관계에 있어야 하는지에 대해 깊이 숙고하게 한다. 이곳이 건축학적 차원에서는 다양한 관점을 제공해 줄 수 있겠지만, 종교적 차원에서는 하나님의 이름으로 행해진 억압과 착취의 어두운 역사 또한 내재하고 있음을 알 수 있었다.

이 시대에 종교의 역할, 특히 기독교의 역할은 무엇일까?[69]

## 체코형제복음교단

프라하에 처음 도착했을 당시 체코형제복음교단을 방문한 바 있다. 하지만 그 날은 토요일이어서 문이 닫혀 있었다. 입구에서 사진만 몇 컷 찍고 발걸음을 돌렸는데 오늘 다시 방문하기로 했다. 교단본부에 미리 연락을 취한 적은 없지만 오늘은 업무를 보는 평일이어서 편한 마음으로 찾아가기로 했다.

아파트에서 나와 프라하 성과 카를교를 거쳐 구시가지 광장에 들렀다. 이른 아침이어서 그런지 거리도 광장도 한산했다. 광장에서 얀후스군상을 바라보는 순간 지난 8일 동안 얀 후스와 함께 시간여행을 다녀온 듯한 착각에 빠졌다. 시원한 아침공기를 마시면서 한참 동안이나 광장을 거닐었다.

시간이 되어 체코형제복음교단으로 향했다. 한번 방문했던 장소라 쉽게 찾을 수 있었다. 도착해서 건물 1층의 서점으로 들어갔다. 얀 후스에 관한 영어 책을 소개해 달라고 부탁했더니 서점 직원은 토마스 부타가 쓴 『마스터 얀 후스』(*Magistri Iohannis Hus*)라는 얇은 책을 찾아주었다. 영어로 된 다른 책들은 아마존에서 구입할 수 있다는 말도 덧붙였다.

책값을 지불하고 서점을 나와 건물 안쪽으로 들어갔다. 계단을 따라

2층에 올라가니 사무실 몇 개가 늘어서 있었다. 문이 열려 있는 사무실 안으로 들어갔다. 체코형제복음교단 사무실이 어디 있냐고 물었더니, 사무실 직원이 누구를 찾아왔느냐고 반문한다. 내 소개를 하고 얀 후스에 관한 자료를 구하러 왔다고 말했더니 잠시 기다리라 했다. 잠시 후에 그녀가 나와서 "지금 회의 중인데 잠시 후 회의가 끝나면 교단 총무를 만나보라!"고 안내해 주었다. 잠시 뒤에 한 사람이 다가오더니 자신을 소개하면서 자기 방으로 들어오라고 했다.

그는 체코형제복음교단의 총무 올리버 엥겔하트(Oliver Engelhardt) 박사였다. 그는 자신이 신학 전공자가 아닌 일반학 전공자이며 교단본부에서 에큐메니칼 업무와 국제관계 업무를 주로 한다고 소개해 주었다. 내 소개를 하니 체코에서 활동하는 이종실 선교사님을 포함해서 몇몇 선교사님들의 이름을 거론하면서 그분들의 도움을 받을 수 있을 것이라고 말해 주었다. 나는 이미 얀 후스의 일생을 따라간 여행을 마쳤음을 알려주었고 얀 후스와 관련한 다른 자료를 얻을 수 있을까 하여 방문했다고 방문목적을 설명했다. 잠시 기다리라고 하면서 나가더니 그는 책 몇 권과 저널 그리고 교단 관련 자료를 들고 와서 내게 건네주었다.

그가 준 자료를 살펴보았다. 2015년 얀 후스 순교 600주년을 맞이하여 개최된 콘퍼런스에서 발표된 논문들을 모아놓은 저널은 얀 후스에 관한 최근의 연구물들로 독일어와 영어로 된 논문들이 섞여 있었다.[70] 또 교단에 관해 소개하는 자료에는 체코 전역에 흩어져 있는 체코형제복음교단이 운영하는 리조트와 펜션, 캠프장 등 개인과 가족과 그룹의 영성회복과 휴식을 위한 여러 공간을 소개하는 내용이 담겨 있었다.[71]

그는 갑자기 찾아온 한국인 신학자에게 따뜻한 친절을 베풀어 주었다. 자신의 사무실로 인도하여 귀한 자료까지 챙겨준 것에 감사하면서 그의 사무실을 나왔다.

## 스트라호프수도원 도서관

　오후에는 숙소 근처에 있는 스트라호프수도원으로 향했다. 프라하 성과 반대 방향에 있는 좁은 골목을 따라 걸어가니 로레타성당이 나왔다. 성당 입구의 벽에는 프라하에서 가장 유명한 오르간으로 알려져 있는 로레타 오르간에 대한 자세한 설명이 사진과 함께 게시되어 있었다. 로레타성당 옆에는 로레타가든 및 카페가 있었고 그 곳을 지나 조금 올라가니 스트라호프수도원 입구가 나왔다. 수도원 입구에는 단체여행을 온 학생들이 몰려 있었다.
　수도원 안으로 들어갔다. 광장 오른쪽에 있는 건물이 스트라호프도서관이며, 이곳은 프라하를 방문하는 사람이면 누구나 찾아가는 세계적으로 아름다운 도서관이라 한다. 도서관 건물 입구에 매표소가 있어서 입장권을 구입하고 사진을 찍을 수 있는 티켓을 따로 구입했다.
　도서관 내부가 고서 1만 8천 권이 소장되어 있는 신학의 방과 5만 권의 책을 소장하고 있는 철학의 방 두 곳으로 이루어져 있다. 도서관의 천정은 사진에서 보던 대로 환상적인 그림으로 방문객의 눈길을 사로잡고 있었다. 도서관 입구에 바리게이트를 쳐 놓아서 안으로 들어가지는 못하고 모두들 도서관 입구에서 얼굴을 내밀어 내부를 관찰하고 있었다.

[사진37] 스트라호프 도서관(1)
로마 가톨릭의 신앙계승을 위한 학문의 요람.

[사진38] 스트라호프 도서관(2)
천정의 그림이 보는 이들의 시선을 사로잡는다.

그런데, 도서관 안쪽에서 가이드를 따라 몇 명의 사람들이 내부의 이곳저곳을 돌아보고 있는 모습이 보였다. 나는 직원에게 안에 있는 사람들처럼 도서관에 들어갈 수 있느냐고 물어 보았다. 그러자 그는 미리 예약한 사람들만 들어갈 수 있다고 말했다. 미리 알았더라면 예약을 해서라도 도서관 안에 소장된 책들을 자세히 살펴볼 수 있었을 텐데 하는 아쉬움이 들었다. 하지만 어쩔 수 없었다. 도서관 내부를 보존하기 위해 나름대로 내부출입을 제한하고 있었다.

도서관 기념품가게 쪽으로 돌아 나와 오른쪽에 있는 성당으로 들어갔다. 이곳은 성모승천성당으로 모차르트가 연주를 했던 곳으로 유명하다. 본당 내부를 볼 수 있었지만 입구에서 철로 된 문이 가로 막고 있어서 내부로 들어갈 수는 없었다. 모두들 목을 길게 내밀어 성당의 본당 내부를 유심히 살펴보고 있었다. 별다르게 눈에 띄는 것은 보이지 않았다. 성당을 나와 아래쪽으로 내려가니 'ㄷ' 자 모양으로 건축된 수도원과 미술전시관이 있었다. 수도원의 작은 광장 중앙에는 한쪽 다리로 방패를 짚고 포효하고 있는 사자상이 있었다. 사자상은 무기를 들고 수도원 전체를 지키고 있는 병사와도 같았다. 아래에서 올라와 수도원 벽을 온통 감싸고 있는 넝쿨은 수도원의 오랜 역사를 증언하고 있었다.

수도원 도서관을 방문하면서 나는 깊은 생각에 빠졌다. 그것은 비록 로마 가톨릭이 체코 역사와 유럽의 역사에서 수많은 이들의 목숨을 담보로 부정적인 일들을 감행했음에도 불구하고, 수도원과 도서관을 통하여 종교적 전통을 지키고 연구하고 이를 후대에 물려주기 위해 힘써 왔다는 사실이다. 그들은 단편적인 지식과 시류에 따라 종교적 진리를 말했던 것이 아니라 끊임없는 연구와 토론 그리고 학문적 작업을 통하여 스스로를 개혁함으로 오늘에까지 이르고 있었다.

이러한 종교적 유산의 발전과 계승을 위한 로마 가톨릭의 학문적 뒷받침에 대해 오늘날 한국교회는 진지하게 생각해 볼 필요가 있다. 신학적 작업은 뒤로 한 채 단기적 성과와 눈에 보이는 화려한 건물에 모든 자원을 쏟아붓는 한국교회의 현실이 개선되지 않는 한 한국교회의 미래는 그리 밝지 않다. 지금까지도 출구를 찾지 못하고 있는 한국교회의 위기상황은 너도나도 '규모의 경제'만을 추구해 온 자연스런 결과라 해도 과언이 아니다.

기실 교회의 존재 목적은 하나님 나라를 이 땅에 선포하는 것이다. 우는 자들과 함께 울고, 웃는 자들과 함께 웃는 것이다. 목회자의 목회 역량을 가늠하는 지표는 신학적 통찰력과 사고 능력 그리고 도덕성과 영성이라는 보다 근본적인 요소들이라 할 수 있다.[72] 하지만 이런 근본적인 요소들은 뒤로 밀려난 채 많은 목회자들이 목회 기술과 방법론 그리고 부정적 의미에서의 '정치 놀음'에 물들어 있다.

한국교회가 바닥을 치는 암울한 시기일수록 하나님의 역사에 의한 새로운 물결은 다가오기 마련이다. 이제 성공 이데올로기에 입각한 목회와 교회가 퇴조하면서 새로운 유형의 교회들이 속속 출현하고 있다. 소위 스타 목사의 겉모습만 흉내 내거나 목소리만 높이는 설교는 점점 더 퇴조할 것이다. 영성과 지성과 감성을 겸비하고 생동감 있는 공동체를 지향하면서 지정의 모두에 호소하는 새로운 교회들이 출현할 것이다.[73]

우리 사회는 급변하고 있다. 이제 한국교회는 그동안의 낡은 이미지를 벗고 새 옷으로 갈아입어야 한다. 최근 들어 작은교회운동, 작은교회신학,[74] 공동체교회, 이중직(혹은 자비량)목회,[75] 및 수도원 영성에 대한 관심의 증가 등은 기존의 패러다임으로는 한국교회가 점점 더 사회로부터 고립될 수밖에 없음을 보여준다. 이 모든 것의 근저에는 건전한 신학이 놓여 있어야 한다. 건전한 신학이 바탕이 될 때 비로소 건전한 교회, 뿌리 깊은 교회의 소중한 전통이 지속될 수 있기 때문이다. 최근 들어 진행되고 있는 신학교육의 방향성에 관한 활발한 논의들은 모두 이런 맥락에서 이해될 수 있다.[76]

귀국하는 날 아침. 식사 후 아파트 직원의 차로 한참을 달려 하벨공항에 도착했다. 수속을 마치고 공항에 있는 코스타커피점(Costa Coffee)에 들렀다. 한 잔의 커피로 여행의 아쉬움을 달래면서 공항 로비를 바쁘게 오가는 이들을 물끄러미 바라보고 있었다.

수년 전 작고한 신영복 선생은 세계의 여러 명소를 여행한 후에 여행을 '떠남과 만남'으로 정의한 바 있다. 그가 말하는 '떠남'은 자기의 성 밖으로 걸어 나오는 것이고 '만남'은 새로운 대상을 대면하는 것이다. 떠남은 지금까지 쌓아온 '생각의 성'을 벗어나 그 성을 허무는 어려운 일이며, 만남 또한 타인의 삶에 대해 겸손한 자세로 다가가는 것이라고 조언한다. 결국 그는 여행을 자신의 정직한 모습으로 돌아오는 것, 우리의 아픈 상처로 되돌아오는 것, 즉 귀중한 공부라고 결론을 내린다.[77] 체코를 향할 때는 얀 후스의 생애와 사역을 살펴보는 여행이라 생각했지만, 집으로 돌아갈 무렵 공항에서는 이번 여행이 얀 후스를 통해서 결국 나 자신을 만나는 여행이었음을 깨닫게 되었다.

탑승시간이 되어 비행기에 몸을 싣자 비행기는 지체 없이 하늘 높이 솟구쳤다. 14박 15일간의 여정이 주마등처럼 뇌리를 스쳤다. 영화의 한 장면처럼 얀 후스가 살던 시대로 시간 여행을 떠났다가 다시금 현실세계로 돌아온 듯 착각에 빠졌다. 중세 가톨릭의 종교적 억압과 왜

곡에 편승하지 않고, 계란으로 바위를 치듯 했지만 목숨을 걸고 끝까지 복음의 진리를 위해 항거했던 얀 후스의 모습은 한국에서 온 한 무명의 신학자에게 깊은 감동과 함께 새로운 비전을 제시해 주었다.

# 나가는 글

귀국한 이후 얀 후스의 자취를 따라간 여행의 소소한 순간들이 일상 가운데 반복적으로 떠올랐다. 여행을 준비하던 과정에서 시작하여 여행 중 만났던 사람들과의 대화와 방문했던 장소들에서의 느낌들, 시골길을 달리면서 차창으로 들어오던 향긋한 풀내음에 이르기까지 체코의 향기, 얀 후스의 향기, 종교개혁의 향기가 마음을 설레게 했다.

여행을 하던 중에는 잘 몰랐지만 일상으로 돌아와 깨달은 것이 있다. 그것은 여행기간 내내 과거와 미래의 모든 순간을 잊어버리고 오로지 '현재'에만 충실했다는 사실이다. 그렇다. 나는 여행을 준비할 때부터 여행을 마친 후 여행기를 작성하는 지금까지 매 순간순간을 얀 후스와 함께 했다. 문득 이전에 읽었던 파울로 고엘료의 책 『순례자』의 한 부분이 생각나 다시 펼쳐 보았다.

> 여행을 하다 보면 거듭남의 행위와 관련된 매우 실제적인 경험을 하게 되지요. 당신은 완전히 새로운 상황에 처하는 겁니다. 하루는 예전보다 느리게 지나가고, 길에서 만나는 낯선 사람들이 하는 말을 대부분 알아듣지 못합니다. 어머니 배 속에서 갓 나온 아

기처럼 말이죠. 갓난아기처럼 주위의 것들에 훨씬 더 많은 중요성을 부여하게 되지요. 그래야만 살아남을 수 있으니까요. 사람들과도 더욱 가까워지게 되지요. 어려운 상황에 처했을 때 도움을 받을 수 있으니까요. 그리고 신들이 베푸는 아주 작은 호의조차 몹시 기쁘게 받아들이죠. 마치 남은 생애 내내 그걸 기억하기라도 할 것처럼 말입니다. 또한 모든 것이 새롭기 때문에, 사물의 아름다운 면만 보게 되고 살아 있음을 더 행복하게 느끼게 됩니다. 그런 이유로 언제나 사람들은 성지 순례가 계시에 이르는 가장 객관적인 방법 중 하나라고 여겼던 것이지요….[78]

이번 여행은 분명 내게는 일종의 성지 순례였다. 얀 후스의 자취를 찾아가는 성지 순례를 통해 나는 지나온 삶을 솔직히 대면할 수 있었고 미래의 비전 또한 분명히 볼 수 있었다. 게다가 성지 순례의 순간순간을 기록하는 과정에서 여행으로 하는 신학, 즉 '여행신학'이라는 새로운 분야에도 눈뜨게 되었다.

# 여행일정과 숙소

- 2018년 4월 12-16일
- Hotel Dar
- Kozna 12, Prague 01, Praha, 11000, Czech Republic
- 전화: +420-224-210-071
- 숙박료: 6,930코루나(4박, 조식 포함)

Tip: 이 호텔은 시설 면에서 만족할 만한 수준은 아니지만 조식이 훌륭하고 구시가지 광장 바로 옆에 위치하고 있어서 프라하 여행을 하기에는 매우 편리하다.


- 2018년 4월 16-18일
- Staroměstský Penzion
- Křížová 93/8, Tabor, 39001, Czech Republic
- 전화: +420-737-864-819
- 숙박료: 2,230코루나(2박, 조식 포함)

Tip: 이 펜션은 깨끗한 실내와 시설 모두 매우 좋으며, 조식 역시 깔끔하고, 타보르의 중심인 광장까지 도보로 2분 거리에 위치해 있다.

· 2018년 4월 18-19일
· Hotel Parkán
· Věžní 51, Prachatice, 383 01, Czech Republic
· 전화: +420-388-311-868
· 숙박료: 1,140코루나(1박, 조식 포함)

Tip: 이 호텔은 고풍스런 분위기의 작은 호텔이며, 조식이 비교적 풍성하며, 프라하티체 광장까지는 도보로 1분 거리에 위치해 있다.


· 2018년 4월 19-21일
· Pension Na Kovarne
· Kaplická 25, Cesky Krumlov, 38101, Czech Republic
· 전화: +420-380-712-360
· 숙박료: 3,100코루나(2박, 조식 포함)

Tip: 이 호텔은 밝은 느낌의 흰색 건물로 내부가 깨끗하며, 도보로 체스키크룸로프 여행을 시작하는 입구에 위치해 있다.


· 4월 21-22일
· Hotel Garni Na Havlíčku
· Havlíčkovo nám. 513, Kutna Hora, 28401, Czech Republic
· 전화: +420-327-514-618
· 숙박료: 1,378코루나(1박, 조식 포함)

Tip: 이 호텔은 엘리베이터가 없어서 3, 4층의 룸을 배치 받으면 캐리어를 직접 들고 계단을 오르내려야 하는 불편을 감수해야 하지만, 근사한 조식이 호텔 옆의 레스토랑에서 제공되며, 쿠트나호라광장 바로 옆에 위치해 있어서 시내여행을 하기에 좋은 곳이다.

- 2018년 4월 22-23일
- Rozmaryn Apartments
- V Jamce 2657, Rakovník, 269 01, Czech Republic
- 숙소 도착 전 아래 주소에서 열쇠 픽업
- Rozmaryn hotel, Pražská 139, Rakovník, 26901
- 전화: +420-777-662-210
- 숙박료: 1,165코루나(1박)

Tip: 이 아파트는 라코브닉에 소재한 로즈마린호텔과 연결되어 있는 콘도형 아파트로 깨끗하고 아담하며 시내 광장까지는 도보로 5분 정도 거리에 위치해 있다.

- 2018년 4월 23-26일
- Hotel U 3 Pstrosu
- Dražického náměstí 12, Prague 01, 프라하, 11000, Czech Republic
- 전화: +420 257 288 888
- 숙박료: 5,768코루나(3박, 조식 포함)

Tip: 이 아파트는 프라하 성 바로 옆에 있는 숙소로 다른 호텔들에 비해 시설이 매우 훌륭하고 간단한 조식이 있고 무료로 커피를 주문할 수 있다.

- 환율: 1코루나 = 약 50원

## 체코형제복음교단 운영 숙소, 레크리에이션 센터

- Sola Fide Resort
- Janske Lazne 14
- 542 25 Janske Lazne
- +420 499 875 425
- www.sola-fide.cz

- Penzion Doubravka
- Masarykova 273
- 763 26 Luhacovice
- +420 732 220 842
- www.penziondoubravka.cz

- Church Pension
- Husus Dum (Jan Hus House)
- Jungmannova 9/22
- 110 00 Praha 1
- +420 296 245 432
- www.churchpension.cz

- Evangelicke Stredisko
- 583 01 Chotebor
- +420 569 623 294
- www.es-chotebor.evangnet.cz

- Tabor
- J. A. Komenskeho
- Belec nad Orlici
- 503 46
- Trebechovice pod Orebem
- +420 495 593 069
- www.taborbelec.cz

- Horsky Domov
- Strazne 157
- 543 52 Strazne
- +420 499 434 300
- www.horskydomov.cz

체코형제복음교단에서 발행한 소책자 *Community and Recreational Centres* 참조

# 미주

1. 베르나르 올리비에, 『나는 걷는다 (1-3권)』 (서울: 효형출판, 2004).
2. 물론 『나는 걷는다』에 앞서, 필자는 『공지영의 수도원 기행』과 박완서의 『잃어버린 여행가방』에 감명을 받았는데, 전자는 유럽에 있는 천주교의 수도원들을 찾아가는 여행기로 한국사회에 엄청난 반향을 불러일으킨 바 있다. 저자는 솔직한 자기고백과 진정한 신앙을 향한 열정을 묘사하고 있지만, 천주교의 성스러움과 개신교의 세속화를 대조하는 듯한 내용도 포함시키고 있다. 공지영, 『공지영의 수도원 기행』 (파주: 김영사, 2006, 1판 73쇄). 그녀는 2014년에 다시 『공지영의 수도원 기행2』 (왜관: 분도출판사, 2014)를 출간했다. 또한 후자는 오랜 세월동안 한국의 대표적인 소설가로서 잔잔한 느낌의 서정적인 필치를 통해 여행자의 시각을 세밀하게 그려내고 있다. 박완서, 『잃어버린 여행가방』 (서울: 실천문화, 2005).
3. 구상, 『한 촛불이라도 켜는 것이』 (서울: 문음사, 1984), 39-40.
4. 무라카미 하루키 / 김진욱 역, 『하루키의 여행법』 (서울: 문학사상사, 2004), 6.
5. 무라카미 하루키 / 김진욱 역, 『나는 여행기를 이렇게 쓴다』 (서울: 문학사상, 2015).
6. 일반적인 프라하 여행에 관한 서적 가운데 필자가 참조한 여행안내서는 『Justgo: 자유 여행자를 위한 가이드북 - 오스트리아, 부다페스트, 프라하』 (서울: 시공사, 2017)이다.
7. 김훈, 『자전거 여행 - 경기도 편』 (서울: 생각의 나무, 2004), 153.
8. 이러한 동유럽에 대한 홀대 현상은 비단 신학 분야에서 뿐 아니라 문화 영역에서도 나타난다. 예를 들면, 국내에서 발간되는 유럽의 클래식 음악 관련 책들은 폴란드의 쇼팽이나 체코의 스메타나와 드보르작과 같은 음악가와 그 전통을 소개하기보다는 주로 독일, 프랑스, 영국을 중심으로 하는 서유럽의 음악을 소개하는데 무게중심을 두고 있다. 김성현, 『365일 유럽 클래식 기행』 (파주: 아트북스, 2012).를 참조하라.

9   이지 오뻬르/ 김진아 역,『걸어서 가 보는 프라하의 종교개혁 이야기』(서울: 한국장로교출판사, 2012).
10  토마시 부타/ 이종실 역,『체코 종교개혁자 얀 후스를 만나다』(서울: 동연, 2015)
11  사토 마사루/ 김소영 역,『종교개혁 이야기』(서울: 바다출판사, 2016).
12  한국에서 출발하여 12박 13일 동안 체코, 독일, 스위스, 프랑스의 종교개혁지를 탐방한 내용을 펴낸 책으로는, 박경수 엮음,『종교개혁, 그 현장을 가다』(서울: 대한기독교서회, 2013)가 있으며, 체코에서는 프라하와 타보르 두 곳을 방문한 것으로 나와 있다.
13  전반적으로 이 부분은 토마시 부타/ 이종실 역,『체코 종교개혁자 얀 후스를 만나다』(서울: 동연, 2015)와 Oscar Kuhns(Author) & Robert Dickie(Contributor), *Jan Hus: Reformation in Bohemia* (Stornoway Isle of Lewis: Reformation Press, 2017), 6-8을 선별적으로 요약한 내용이다.
14  여기서 얀 후스의 출생연도를 '1371년경'이라고 밝히는 이유는 얀 후스 관련 자료마다 출생연도가 1369년, 1370년 혹은 1371년 등으로 각각 다르게 나타나기 때문이다.
15  Jan B. Lasek, *Kristuv svedek Mistr Jan Hus* (Praha: Blahoslav, 1991), 6-7; 이종실, "얀 후스의 진리의 개념에 대한 선교신학적 이해,"「선교와 신학」21 (2008. 02), 18에서 재인용.
16  1348년 창립된 카를대학은 당시 독일 왕이자 동시에 보헤미아의 왕이었던 카를 4세(나중에 신성로마제국의 황제가 됨)에 의해 설립되었고 파리대학을 모범으로 삼아 신학부, 법학부, 의학부 철학부 등 4개 학부로 나뉘었다. 신종훈, "프라하대학의 역사,"「서강인문논총」41(2014.12), 36 참조.
17  김장수,『후스로부터 시작된 종교적 격동기』(서울: 북코리아, 2017), 29.
18  Ibid., 30-31.
19  프라하의 하벨공항은 체코인들의 존경을 받았고 나중에 체코의 대통령이 된 바츨라프 하벨의 이름을 본 떠 명명되었다. 생명이 다할 때까지 진리를 향한 외침으로 일관했던 얀 후스의 시도는 하벨에게 영향을 미쳐, 그가 야당 지도자로서 감옥에 있을 때나 나중에 대통령으로 프라하 성에 있을 때나 후스 정신을 중심에 두고 살았음을 알 수 있다. 얀 밀리치 로흐만/ 정미현 역, "진리 안에서의 삶 - 얀 후스의 경우에서,"「기독교사상」(2002. 07), 177을 참조하라.
20  체코로 출발하기 전, 프라하 여행에 도움을 받기 위해 인터넷을 통해 여러 군데의 가이드 투어를 찾아보았다. 그 중 가장 인기가 있는 가이드 여행의 하나로 '팁 투어'를 알게 되었다. 자세한 내용은 프라하에서 팁 투어를 운영하고 있는 RuExp팀의 인터넷 까페, http://cafe.naver.com/ruexp를 참조하라.
21  이지 오뻬르/ 김진아 역,『걸어서 가 보는 프라하 종교개혁 이야기』(서울: 한국장

로교출판사, 2012).
22 얀 후스가 사망한 후 후스의 정신을 이어받은 후스파에 대한 자세한 설명에 대해서는 Association of the Jan Huss Museum in Prague, *Jan Huss: Courage to Think, Courage to Believe, Courage to Die* (Tabor: The Hussite Museum, 2015), 140-151을 참조하라. 나는 이 책을 타보르의 후스 박물관에서 구입했다. 후스의 사망 후 룩셈부르크의 지기스문트를 포함하여 후스의 반대자들은 상당한 두려움을 느꼈는데 그 이유는 후스의 죽음 이후 후스주의 운동이 더 열기를 띠었고, 20여 년간의 전쟁을 야기한 사건들의 사태에서 후스의 죽음이 하나의 초석이 되었기 때문이다.
23 제1차 창외투척사건은 1415년 7월 후스가 화형 당한 뒤 체코 지역에서 후스파와 가톨릭 사이의 긴장이 고조되었고, 결국 1419년 7월 30일 프라하에서 후스파가 증오하던 시 참사회 의원들을 창밖으로 던진 사건을 말한다. 이로 인해 후스주의 전쟁이 본격화 되었고 1436년까지 보헤미아를 넘어 북유럽 일대까지 전쟁의 상처를 남기는 결과를 초래했다.
24 최근 국내에서도 문화목회에 대한 관심이 늘어나고 있다. 대한예수교장로회총회문화법인, 『문화목회를 말한다』(서울: 대한기독교서회, 2017)를 참조하라.
25 프란츠 카프카/이재황 역, 『변신』(서울: 문학동네, 2005).
26 프란츠 카프카/오용록 역, 『성』(서울: 솔, 2017).
27 토마시 부타/ 이종실 역, 『체코 종교개혁자 얀 후스를 만나다』(서울: 동연, 2015), 150.
28 이지 오페르/ 김진아 역, 『걸어서 가 보는 프라하 종교개혁 이야기』, 97-99.
29 베들레헴채플의 건축과 관련된 더 자세한 내용은 이지 오페르/ 김진아 역, 『걸어서 가 보는 프라하 종교개혁 이야기』, 58-59를 참조하라.
30 정미현, 『체코신학의 지형도』(서울: 연세대학교 대학출판문화원, 2015), 26.
31 후스의 적대자들이 베들레헴채플을 '창고'라고 불렀는데, 이 건물은 성당처럼 직사각형 형태가 아니라 거의 정사각형에 가깝다. 전통적인 성당은 앞쪽에서 뒤쪽으로 위계질서가 이루어진 반면, 베들레헴채플은 예배당 안 어느 위치든지 설교단으로부터 등거리를 유지함으로 모든 사람이 말씀 앞에 위계질서가 없어진 일종의 공간혁명이라 할 수 있다. 장윤재, "얀 후스와 체코 종교개혁 - 그의 화형 600주년을 맞이하여," 「기독교사상」(2015. 7), 227을 참조하라.
32 이지 오페르/ 김진아 역, 『걸어서 가 보는 프라하 종교개혁 이야기』, 58.
33 전 바젤대학 조직신학 교수였던 얀 밀리치 로흐만은 후스의 "진리 안에서 살려고 한" 정신이 바츨라프 하벨이 이어받아 체코의 대통령으로서 후스의 정신을 실천에 옮기기 위해 힘썼다고 평가한다. 얀 밀리치 로흐만/ 정미현 역, "진리 안에서의 삶 - 얀 후스의 경우에서," 「기독교사상」 46(7) (2002. 7), 177을 참조하라.
34 토마시 부타/ 이종실 역, 『체코 종교개혁자 얀 후스를 만나다』(서울: 동연, 2015), 72.

35 엘리자베스 퀴블러 로스, 데이비드 케슬러/ 류시화 역, 『인생수업』(파주: 이레, 1판 64쇄), 146-7.
36 파울로 코엘료/ 박명숙 역, 『순례자』(파주: 문학동네, 2006), 194.
37 김장수, 『후스로부터 시작된 종교적 격동기』(서울: 북코리아, 2017), 36.
38 후스 사후의 후스파 운동에 관하여는 이종훈, "얀 후스의 종교개혁운동 고찰", (대구: 영남신학대학교 석사학위논문, 2000), 32-39를 참조하라.
39 이 내용은 후스 박물관의 매표소에서 나누어준 "지하동굴 투어 한글 안내문"을 참조했다.
40 김장수, 『후스로부터 시작된 종교적 격동기』(서울: 북코리아, 2017), 37-38.
41 장윤재, "얀 후스와 체코 종교개혁 - 그의 화형 600주년을 맞이하여," 「기독교사상」(2015. 7), 238.
42 그 책은 Jakub Smrcka, Blanka Zilynska, Eva Dolezalova (eds.), *Jan Hus: Courage to Think, Courage to Believe, Courage to Die* (Tabor: The Hussite Museum, 2015)이다.
43 후스주의 운동으로 인한 교회개혁은 사회개혁으로 확장되었다. 그것이 바로 후스주의 운동이 체코인들 특히 체코의 농민들을 중심으로 하는 대중들에게 공감을 얻었던 이유라 할 수 있다. 예를 들면, 후스주의 운동 중에 교회가 소유했던 토지의 75% 이상과 수도원 건물 중 170개가 사회로 환원되었다. 장윤재, "얀 후스와 체코 종교개혁 - 그의 화형 600주년을 맞이하여," 「기독교사상」(2015. 7), 234를 참조하라.
44 Jan B. Lasek, *Kristuv svedek Mistr Jan Hus* (Praha: Blahoslav, 1991), 10; 이종실, "얀 후스의 진리의 개념에 대한 선교신학적 이해," 「선교와 신학」 21 (2008. 2), 20에서 재인용.
45 얀 후스의 저서 『교회』에 관한 논문으로는, 박경수, "얀 후스의 교회에 나타난 교회개혁 사상," 「장신논단」 47(4), 41-67을 참조하라.
46 토마시 부타/ 이종실 역, 『체코 종교개혁자 얀 후스를 만나다』(서울: 동연, 2015), 27.
47 토마시 부타/ 이종실 역, 『체코 종교개혁자 얀 후스를 만나다』, 29.
48 김용택, 『인생』(서울: 이레, 2001), 116.
49 타보르 성 안내문, Sightseeing Tour: round the historical centre of Tabor를 참조하라.
50 Ibid.
51 위키피디아 "Husinec"를 참조하라.
52 사토 마사루/ 김소영 역, 『종교개혁 이야기』(서울: 바다출판사, 2016), 93.
53 김훈, 『자전거 여행 - 경기도 편』(서울: 생각의 나무, 2004), 17.
54 Wikipedia 참조.
55 프라하티체의 학교에서 그는 대학진학을 전제로 한 문법학, 수사학, 변론술 수업과 함께 수학, 천문학 같은 실용과목, 그리고 라틴어를 철저히 훈련받았다. 반

| | |
|---|---|
| | 면, 당시 세속어로 여겨진 독일어와 체코어는 학교에서 전혀 배우지 않았다. 이에 대한 더 자세한 설명을 위해서는 사토 마사루/ 김소영 역, 『종교개혁 이야기』 (서울: 바다출판사, 2016), 94를 참조하라. |
| 56 | 이것은 Dean Church of St. James The Greater, The Apostle의 입구 벽에 있는 판에 새겨진 영어 설명을 참조한 것이다. |
| 57 | 사투 마사루/ 김소영 역, 『종교개혁 이야기』(서울: 바다출판사, 2016), 107. |
| 58 | 체스키크룸로프 시 홈페이지를 참조하라. |
| 59 | O svatokupectvi, *Magistri Iohannis Hus Opera omnia: Drobne spisy ceske* (Academia Praha, 1985), 228; 토마시 부타/ 이종실 역, 『체코 종교개혁자 얀 후스를 만나다』 (서울: 동연, 2015), 22에서 재인용. |
| 60 | 이 내용은 미로슬라브 파랄 자신의 전시회 안내문으로 체스키크룸로프 성의 지하 전시장 입구에 비치되어 있으며, 영어로 된 안내문을 필자가 번역한 것이다. |
| 61 | 프라하대학은 오랫동안 독일계 교수들이 기득권을 누렸으나 1409년 프라하대학에서 교편을 잡고 있던 후스는 대중적 지지를 기반으로 쿠트나호라칙령(The Decree of Kutna Hora)을 반포했다. 이 칙령은 이전까지 대학 회의에서 한 표의 의결권만 행사하던 보헤미아 동향단(체코인들)에게 3표의 의결권이 주어졌고, 총 3표의 의결권을 가졌던 나머지 세 동향단(독일인들)에게는 한 표의 의결권만 할당되었다는 내용을 담고 있다. 이로 인해 많은 독일인 교수들과 학생들이 독일로 돌아가 라이프치히대학을 설립하게 되었다. 쿠트나호라칙령에 대한 더 자세한 설명에 대해서는 Association of the Jan Huss Museum in Prague, *Jan Huss: Courage to Think, Courage to Believe, Courage to Die,* (Tabor: The Hussite Museum, 2015). 50-53을 참조하라. |
| 62 | 쿠트나호라의 성바르보라성당에 관한 한국어 설명문의 일부를 발췌 요약한 내용이다. |
| 63 | 유현준, 『도시는 무엇으로 사는가: 도시를 보는 열다섯 가지 인문적 시선』(서울: 을유문화사, 2018, 초판 27쇄), 116-118. |
| 64 | KRAKOVEC 안내 소책자, 3. |
| 65 | 박경수, "얀 후스의 『교회』에 나타난 교회개혁 사상,"「장신논단」 47(4) (2015. 12), 55. |
| 66 | 홍지훈, "얀 후스와 올바른 교회상,"「교육목회」(2008), 93. |
| 67 | 이 내용은 먼저 팁 투어 가이드의 설명을 들으면서 간단하게 메모한 것을 기억에 의존하여 다시 작성했고, 그 후에 내용의 정확성을 기하기 위하여 웹 사이트 위키백과사전을 참조하면서 원래의 내용을 수정 보완한 것이다. |
| 68 | 이에 대해서는 필자의 저서, 『새로 쓰는 10년 후 한국교회』(대구: 하명출판, 2015), 191-214를 참조하라. |

69　필자가 본서의 내용을 정리하고 있는 2018년 8월 현재에도 국내 개신교와 천주교와 불교 내에서는 해당 종교 내의 문제들로 인해 내홍을 겪고 있다. 한국사회에서 1960년대에서 1990년대까지는 종교성장시대라 할 수 있지만 새천년을 지나면서 현재까지는 지속적으로 종교감소시대에 직면해 있다. 한국의 주류종교들에 대한 이러한 부정적인 인식이 점점 더 우리사회에서 확산되고 있으며, 이런 경향이 개신교에는 다음세대의 급감현상으로 나타나고 있다.

70　특히 그에게서 받은 논문집은 프라하대학의 신학부에서 발행하는 것으로, *Communio Viatorum: A Theological Journal* LVII (2015, 1)이며, 얀 후스 순교 600주년을 맞이하여 특집으로 얀 후스에 관한 논문들이 실려 있다.

71　그 자료는 체코형제복음교회의 역사와 현황을 소개한 소책자 *The Evangelical Church of Czech Brethren*과 교단에 속한 리트릿 센터 현황을 소개한 소책자 *Community and Recreational Centres*이다.

72　윤철호, 「신학춘추」(2018년 4월 24일, 통합 114호), 11면.

73　새로운 유형의 교회들에 대해서는 뉴스앤조이편집국, 『이웃과 함께 하는 도시교회2』(서울: 도서출판 뉴스앤조이, 2015)를 참조하라.

74　김승호, "작은교회신학의 전개," 대한예수교장로회 종교개혁 500주년기념사업위원회(편), 『한국교회, 개혁 없이 미래 없다』(서울: 한국장로교출판사, 2018), 86-108.

75　김승호, 『이중직 목회』(대구: 하명출판, 2016).

76　박정근, 『신학교육개혁과 교회갱신』(서울: CLC, 2017)을 참조하라.

77　신영복, 『더불어 숲』(서울: 중앙 M&B, 2002, 초판 29쇄), 6-12.

78　파울로 코엘료/박명숙 역, 『순례자』(파주: 문학동네, 2006), 50.